HÖREN UND ANNEHMEN

Lee Coit

HÖREN UND ANNEHMEN

Anleitung

zum Annehmen der

Vollkommenheit

Titel der englischen Originalausgabe
Listening – still
Copyright © 1991 Lee Coit

Hören und Annehmen
Copyright © 1992 der deutschen Ausgabe
Greuthof Verlag und Vertrieb GmbH · Gutach i.Br.
Alle Rechte vorbehalten

Übersetzt von Franchita Mirella Cattani
Umschlagfoto und Gestaltung: Simon

3 5 7 6 4
ISBN 3-923662-31-9
Druck und Bindung: Freiburger Graphische Betriebe
Gedruckt auf chlorfrei gebleichtem Papier
Printed in Germany

Einzelexemplare des Buches können vom Greuthof Verlag bezogen
werden für DM 24,80 plus Porto (ab DM 50,– portofrei). Bitte legen Sie
Ihrer Bestellung einen Euroscheck bei oder noch einfacher: Geben Sie
uns Ihre Bankverbindung zum Lastschrifteinzug an – postwendend
schicken wir Ihnen das Gewünschte zu.

Greuthof Verlag und Vertrieb
D 79261 Gutach i.Br.

Gerne senden wir Ihnen unser aktuelles Gesamtverzeichnis zu,
auf Wunsch auch Informationen zu *Ein Kurs in Wundern.*

Inhalt

Vorwort von Eugene Bleecker 9

Dank 11

Einführung 12

Die Einheit 14

1 Aufbruch nach innen 15

Wie können wir Glück im Leben finden? 15
Den Dingen auf den Grund gehen 16
Die Bereitschaft zur Veränderung entwickeln 17
Aufhören war der erste Schritt 17
Kann Wunscherfüllung glücklich machen? 18
Was macht uns glücklich? 20
Betrachtung über die beiden Ichs 22
Die eigene Identität finden 23

2 Hören und Annehmen 25

Die ersten zögernden Schritte zum Glück 25
Auf dem Felsen sitzen 25
Drei grundlegende Schritte 27
Winzige Einsichten 28
Warten auf den brennenden Dornbusch 30
Der halsstarrige Zweifler 32
Die Suche geht weiter 32
Ein Muster zeichnet sich ab 34
Die Hochschule 34
Lektionen über die »wahre Liebe« 35
Die innere Führung macht sich bemerkbar 37
Ein fester Entschluß ist unentbehrlich 38
Kein Urteil fällen 39

3 Im Fluß mit der Wirklichkeit 41

Die Reise mit dem inneren Führer 41
Du wirst sicher geführt 41
Meine innere Stimme verschafft sich Gehör 43
Auf deine eigene Antwort warten 46
Die völlige Hingabe 47
In einem seltsamen Kloster 47
Wie sich die innere Führung auswirkt 48
Begegnung mit zwei Engeln 50
Wenn wir uns führen lassen, kommt Hilfe 52
Nach dem Hören das Annehmen 52
Vergangenheit, Gegenwart und Zukunft annehmen 53
Es gibt keine Verzögerungen 54
Gott läßt sich nicht behindern 56
Die Warzen-und-Pickel-Theorie 58

4 Bitte nicht um Dinge – bitte, daß du siehst 61

Hinter der äußeren Form die Wirklichkeit sehen 61
Es ist einfach, wenn es mit unserem Bild übereinstimmt 62
Manchmal braucht Heilung Zeit 63
Ich brauche nur ein wenig zu sehen 63
Ohne Netz auf dem Hochseil 64
Die Schau sieht das Jetzt ganz klar 64
Ich muß an Salomon denken 65
Wie wendet man die Schau an? 66
Der Weg zur Schau 66
Die Logik zugunsten der Schau aufgeben? 67
Die Schau stellt sich von selbst ein 68
Vertrauen und Schauen gehen Hand in Hand 68
Ich suche keine Beziehung mehr 69
Unser Anteil bei der Führung 70
Schritt für Schritt 71
Gib uns heute unser tägliches Brot 71
Geht es um eine Technik der geistigen Kontrolle? 72
Die Grenzen des positiven Denkens 73
Annehmen zeigt sich im Tun 74
Die grünen Ungeheuer 75
Können wir Vollkommenheit annehmen? 76
Ehrlichkeit ist unentbehrlich 77
Kinder können uns den Weg zeigen 78
Ehrlichkeit ist nicht Tadel 79

5   Willen und Verantwortung richtig einsetzen   81

Unser Anteil bei der inneren Führung   81
Überzeugungen bestimmen die Erfahrung   81
Projizieren macht blind   83
Die Signale   83
Den Hörer abnehmen   84
Der Kampf um die wahre Liebe   85
Die Wahrheit kommt ans Licht   90
Drei Schritte zum Aufdecken falscher Überzeugungen   93
Direkt auf das Problem zugehen   94
Keine Knobel-Übung, bitte!   95
Begrenzungen überwinden   96
Unseren Willen mit Gottes Willen verbinden   96
Ich halte mich fest, als würde ich ertrinken   97
Das »Schmusetuch« aufgeben   99
Wir verändern uns nicht, wir wachsen über die Dinge hinaus   100
Das »Schmusetuch« aufgeben nützt nichts   101
Unseren Willen einsetzen, um die Zeit zu verkürzen   101
Über die Bequemlichkeit hinauswachsen   102
Unseren Willen erkennen   103

6   Die Realität und die Dualität   105

Warum fühlen wir uns eingeschränkt?   105
Der Affe und die Nuß   106
Die Angst vor der Wirklichkeit   107
Den Christus sehen   108
Was hat die Liebe damit zu tun?   109
Die Liebe mit dem Willen finden   110
Glaub nur nicht, daß du die Liebe kennst   112
Etwas anderes wollen führt zu anderen Erfahrungen   112
Wie setzt man sich Ziele?   114
Werden wir geführt, oder erzwingen wir die Dinge?   115
Immer fragen   115
Die richtige Entscheidung   116
Die Wohnung   117
Wissen, daß du nicht weißt   121

7   Annehmen setzt die Führung um   123

Annehmen verdeutlicht die Macht des Hörens   123
Annehmen verwandelt Konflikte in Vollkommenheit   124
Annehmen führt zum richtigen Hören   125

In jeder Lebenslage: Hören 126
Über den richtigen Einsatz des Handelns 127
Was ist Meisterschaft? 127
Spirituelle Meisterschaft erfordert Übung 128
Nicht mehr aufs Verstehen angewiesen sein 129
Verstehen ist nicht Vergeben 131
Die annehmende Haltung 132
Das Wissenwollen aufgeben 133
Die Geschichte mit Gene 134
Endlich finde ich meinen Lehrer 136
Finde deinen eigenen Lehrer 137
Spirituelles Verständnis ist nicht nötig 137
Der als Hilfe getarnte Angriff 138
Unerwünschter Rat 139
Und wie kann man helfen und lehren? 139
Der Beweis 141

8 Annehmen ist das Gegenteil von Kontrolle 145

Annehmen befreit aus dem Gefängnis der Kontrolle 145
Es gibt viele Arten der Kontrolle 146
Vier Schritte zum Aufgeben der Kontrolle 146
Funktioniert Kontrolle? 149
Am Rand der Ungewißheit 150
Das Wesen des Annehmens 151
Unsere Welt läuft nicht rund 151
Die Landkarte 153
Der spirituelle Trip 154
Geben und Nehmen 157

9 Ausblick 159

Sein 160
Eigentlich sind Hören, Annehmen und Sein eins 161
Die Einheit 161

Glossar 162

Zehn Hilfen zum Annehmen 169

Merkzettel 173

Vorwort

Dies ist die Geschichte der Suche eines Menschen. Auf unserem eigenen ganz persönlichen spirituellen Weg brauchen wir eine solche Ermunterung, daß das, was wir über die Erfahrungen fortgeschrittener Seelen lesen, tatsächlich auch uns zustoßen könnte. Wenn wir an Menschen wie den heiligen Franziskus von Assisi oder Johannes vom Kreuz, an Yogananda oder andere denken, meinen wir doch meistens, sie seien irgendwie besonders und eine andere Art Mensch. Ehrfürchtig lesen wir ihre Lebensgeschichten. Sie alle haben aber gesagt, daß wir das, was sie erreicht haben, auch erreichen können.

Ich will damit nicht sagen, daß Lee Coit ein Heiliger im herkömmlichen Sinn ist. Ich habe ihn nicht über das Wasser des Schwimmbeckens in unserer Wohnanlage gehen und auch nicht Tote erwecken sehen. Beim Bau des Zentrums *Las Brisas* hat mich seine Raumplanung nicht sonderlich beeindruckt. Vielmehr habe ich ihn mit den gleichen persönlichen Problemen kämpfen sehen, die sich uns allen stellen.

Lee ist einfach ein Mensch, der sich alle Mühe gibt, in der Welt zu leben, in der wir alle leben, nur daß er das anhand von anderen Regeln zu tun versucht. Lee hat eine Eigenschaft, die alle Heiligen haben: Er hat den Mut, seinem inneren Führer zu folgen, auch wenn es töricht aussieht oder wenn er damit riskiert, Menschen zu befremden, die ihn nicht verstehen. Lee hört nicht nur hin, er versucht auch, das, was er hört, in die Tat umzusetzen. Er hört nicht immer richtig oder tut nicht immer das Richtige. Manchmal hört er nicht wirklich hin und gehorcht seinem Ego, aber er tut, was wir alle tun sollten: Er versucht hinzuhören.

Auf eine Art gesehen, ist dies ein Anleitungsbuch. Es liefert dem Leser ganz konkrete Vorschläge, wie man den geistigen oder spirituellen Weg leichter gehen kann. Aus einer anderen Sicht enthält dieses Buch eine Reihe von Grundsätzen, und zwar solche, die Lee ausprobiert hat und die sich als wahr herausgestellt haben. Aus noch einer anderen Sicht besteht dieses Buch aus einer Reihe von Anekdoten und kleinen Geschichten. Einiges davon ist amüsant, einiges traurig, einiges ernst, aber alles beleuchtet die Umstände, unter denen Lee die Wahrheit in seinem Leben erfährt.

Aber zuvorderst ist dieses Buch ein inspirierender spiritueller Anstoß für uns, daß wir umsetzen, was wir nach unseren Ausflügen in die innere Stille hören. Um es ganz kraß zu sagen: Wenn Lee es tun kann, dann kann ich es auch, und auch Sie, lieber Leser. Wenn dieser Mensch mit seinen menschlichen Begrenzungen nach dem Willen Gottes streben und mit einigem Erfolg danach leben kann, können wir es auch. Ist er denn irgendwie besonders? Kein bißchen! Ist er der Christus? O ja, genau wie Sie und ich. Lesen Sie dieses Buch mit dem Herzen. Achten Sie dabei auf Ihre innere Stimme. Wir alle haben verschiedene Dinge zu lernen, und wenn wir zulassen, daß unser innerer Lehrer sie uns zeigt, erkennen wir sie auch. Ich hoffe sehr, daß dieses Buch Sie ermutigen wird, mehr Zeit mit dem Hören auf Ihre innere Stimme zu verbringen, und auch, daß es Ihnen helfen wird, die Menschen und Ereignisse in Ihrem Leben besser anzunehmen.

Die Grundsätze, die Sie hier finden, sind einfach. Allerdings habe ich gemerkt, daß sie nicht so leicht in die Tat umzusetzen sind. Trotzdem versuche ich es immer wieder, denn wenn es mir gelingt, werde ich reichlich dafür belohnt. Der Frieden Gottes ist für uns alle da, gerade hier und gerade jetzt.

Eugene Bleecker
Fallbrook, Kalifornien

Dank

Dieses Buch widme ich den Freunden, die mich *nicht* unterstützt haben und dadurch meine Lehrer waren, die mich ohne ihr Wissen gezwungen haben, meine falschen Lieblingsüberzeugungen unter die Lupe zu nehmen.

Ihr wart schwierig, habt mich auf die Palme gebracht, und verstanden habe ich euch schon gar nicht. Dank euch bin ich die ganze Gefühlsskala vom Unbehagen bis zur Wut durchlaufen. Ihr habt euch bereit erklärt, mich auf einem der schwersten Wege zu lehren: indem ihr »auf meine Knöpfe gedrückt« und dadurch meine eingefahrenen Reaktionsmuster ausgelöst habt, und ihr habt nicht zugelassen, daß ich der Wahrheit aus dem Wege gehe. Es ist euch zu verdanken, daß ich viele meiner selbstauferlegten Begrenzungen habe loslassen können. Bevor ich verstand, was das Annehmen ist, habe ich eure vielen Gaben gar nicht geschätzt und euch auch nicht dafür gedankt. Mit diesem Buch erkenne ich euren einzigartigen Beitrag der Liebe an. Damals habe ich eure Handlungen und Worte gar nicht gemocht, aber jetzt empfinde ich nur noch Liebe und Achtung für jeden von euch.

Ich möchte aber auch vier Freunden danken, die mich sehr unterstützt und mir geholfen haben, dieses Buch zustande zu bringen: meiner Frau Vikki für ihre bedingungslose Liebe, ihre Seelengröße und ihre Ehrlichkeit; Lois Yoakam, die mit sehr viel Einfühlung lektoriert und nachgelesen hat; Gene Bleecker, einem lieben Freund und knöpfchendrückenden Lehrer, und Roger Ridings, meinem langjährigen Freund und Vertrauten, der mir geholfen hat, den Inhalt in diese Buchform zu bringen.

Einführung

Lieber Leser!

Mein erstes Buch, *Nach innen hören*, ist an einem einzigen Wochenende entstanden. Es ist mir während einer zweitägigen Meditation zugeflossen. Ich habe einfach aufgeschrieben, was ich hörte. Die Abschnitte, die ich bewußt geschrieben habe, waren zusätzliche Beispiele dazu aus meiner Erfahrung, um die wichtigsten Grundsätze des Buches zu illustrieren. Es war ein Geschenk, nicht etwas, was ich selbst geschrieben hatte. Eine Zeitlang habe ich es als etwas angesehen, was nichts mit mir zu tun hatte, weil die Grundsätze darin nicht meine eigenen Gedanken waren.

Beim Schreiben dieses zweiten Buches ist mir klarer geworden, worum es geht. Ich soll die Bücher nicht schreiben, ich soll sie leben. Ich soll euch die Einsichten weitergeben, die mir meine innere Führung vermittelt, euch erzählen, wie ich diese Grundsätze in meinem Leben umsetze, und was geschieht, wenn ich das tue. Meine innere Führung ist da, damit *ich* glücklich bin. Was ich höre, stimmt möglicherweise nicht immer mit euren Überzeugungen oder Erfahrungen überein, aber das ist ganz in Ordnung so.

Es gibt nur einen Grundsatz, von dem ich hoffe, daß ihr ihn euch zu eigen macht: euch immer und immer wieder an eure eigene innere Führung zu wenden, um zu erfahren, was sie euch rät. Darüber hinaus weiß ich nicht, was ihr tun solltet. Wenn ich euch raten wollte, einen bestimmten Weg zu gehen, so würde das allem zuwiderlaufen, was für mich wahr ist. Wenn es manchmal so aussieht, als gäbe ich konkrete Anweisungen, so kommt das daher, daß mein innerer Führer mich genau so angeleitet hat. Diese Anweisungen habe ich so weitergegeben, wie ich sie bekommen habe.

Wie ich wohlbekannte Begriffe verwende, habe ich im Glossar am Ende des Buches erläutert. Was ich unter Gott oder der göttlichen Quelle verstehe, deckt sich vielleicht nicht mit dem, was man landläufig darunter versteht. Wenn dir ein Begriff nicht klar ist oder dir Schwierigkeiten macht, hilft es dir vielleicht, im Glossar nachzulesen.

Wenn dich aber irgendein Begriff stört, dann ersetze ihn doch einfach durch einen anderen, bei dem es dir wohler ist, weil er für dich besser ausdrückt, was ich meine. Ich bin ganz sicher, daß die begrenzten Worte, mit denen wir die spirituellen Wahrheiten beschreiben, um die es hier geht, ihnen keinen Abbruch tun. Am besten liest du einfach mit deinem Herzen und nicht mit dem Kopf.

Fangen wir gleich an. Ich möchte dir erzählen, wie ich zu meinem gegenwärtigen Zustand des Glücks gekommen bin, wobei ich doch erst vor wenigen Jahren drauf und dran war, in Sachen Leben einfach das Handtuch zu werfen.

Die Einheit

Die zahlreichen Eichen in der Gegend, in der ich jetzt lebe, erinnern mich ständig an die Einheit. Wenn wir der Einheit gewahr werden, können wir jederzeit annehmen. *Die Bäume sind in einer Gesamtheit von Wald, Sonne, Regen, Wind, Tieren, Erde und Himmel miteinander verbunden. Sie sind das Symbol dafür, daß nichts für sich besteht, daß alles wechselseitig voneinander abhängig ist. Die Sonne und die Sterne haben ebenso wie die Erde und die Würmer Anteil am Leben des Baumes. Ich sitze in seinem Schatten und frage mich: »Und wo fange ich an, wo höre ich auf?« Sicher genausowenig dort, wo meine Haut aufhört, wie der Baum nicht bei seinen Wurzeln oder Ästen aufhört. Sie erinnern mich auch an die Vollkommenheit. Alle Bäume sind verschieden, und dennoch ist jeder vollkommen und Teil einer vollkommenen Gesamtheit. Wer wollte auch so töricht sein, einen Baum zu beurteilen und zu entscheiden, daß er nicht ganz vollkommen ist? Sogar Bäume, die ihre Form gerade völlig verändern, wenn sie sterben, liefern in vollkommener Weise den Nährboden für neues Leben.*

1
Aufbruch nach innen

Wie können wir Glück im Leben finden?

Bis vor kurzem war es mein Lebensziel, die Dinge zu begreifen. Aber die ganze Mühe, die ich mir gab, um Antworten zu finden, war beinahe immer umsonst. Oft entglitt mir das, was ich wollte, und auch wenn ich es bekam, war ich am Ende doch enttäuscht. Wollte ich aber einer Sache aus dem Wege gehen, so verfolgte sie mich und ließ mich nicht mehr los. Manchmal sagte ich mir gelassen: »Es wird sich alles noch zum Besten wenden.« Manchmal tat ich so, als gehe es mich nichts an. In der Regel vermied ich das Verlustgefühl durch die Suche nach etwas Neuem, das mich glücklich machen sollte. In Wahrheit aber war ich oft verärgert. Ich versuchte, meine Enttäuschung in übermäßigen Vergnügungen zu ertränken, aber dieses Glück dauerte nie lange an. Meistens versteckte ich einfach das Gefühl, verkauft und verraten zu sein, unter einer Maske ruhiger Distanziertheit. Dabei sehnte ich mich nach Glück und Sicherheit.

Die Gelegenheit, mein Leben von Grund auf zu verändern, bot sich mir 1978. Mein Partner in der Werbeagentur beschloß, mich auszuzahlen. Dank des Erlöses brauchte ich nun einige Jahre nicht zu arbeiten, und so nahm ich mir vor, es mir wirklich gutgehen zu lassen. Ich schwor, nie wieder in einen gewohnheitsmäßigen Trott zu fallen. Ich würde das Leben *auf meine Weise* leben und dachte, daß ich nichts weiter dazu brauchte, als einen Neubeginn zu machen.

Den Dingen auf den Grund gehen

Ich zog nach Kalifornien um und fand ein Haus am Meer. Schon immer hatte ich an einem solchen Ort wohnen wollen. Ich war erst kürzlich geschieden worden und beschloß, meine Beziehungen zu Frauen zu genießen, ohne Verpflichtungen einzugehen. Ich hatte vor, nur dann zu arbeiten, wenn es mir Spaß machte, und etwaige Geschäfte sollten in kleinem Rahmen und einfach bleiben. Nachdem ich etwa ein Jahr lang *auf meine Weise* gelebt hatte, war ich unglücklicher und frustrierter als je zuvor. Ich hatte mich an einer Marketingfirma beteiligt, und es war eine Katastrophe. Gesellschaftlich führte ich zwar ein bewegtes Leben, aber war dabei einsam; es stellte mich nicht zufrieden. Mein Wunsch, das Leben voll auszukosten, hatte zu zwei Anzeigen wegen Trunkenheit am Steuer und zwei Nächten im Gefängnis geführt. Mein neuer Lebensstil machte mich nicht glücklich. Ich hatte keine Ahnung, was ich jetzt tun sollte.

Zum ersten Mal hatte ich das Gefühl, das Leben habe keinen Wert. Endlich verstand ich, weshalb jemand Selbstmord begehen konnte. Ohne es zu wissen, hatte ich den ersten Schritt getan, der mich zu einer wirklichen Antwort führen sollte: Ich hatte den Tiefpunkt erreicht.

Die Bereitschaft zur Veränderung entwickeln

Wie besessen hatte ich nach dem Glück gesucht, aber es war mir jedesmal entglitten. Das führte ich auf *mein* Versagen zurück, und fuhr daher weiterhin fort, nach etwas Besserem zu suchen. Nachdem ich jetzt meine Möglichkeiten ausgeschöpft hatte, sah ich mich gezwungen, in mich zu gehen. Als ich meine Vergangenheit an mir vorüberziehen ließ, entdeckte ich ein sich oft wiederholendes Muster. Ich hatte versucht, das Glück auf dem geistigen Weg zu suchen, den ich als Kind kennengelernt hatte, und das war mißglückt. Ich hatte versucht, es durch Geschäftserfolge zu finden, aber auch da lag es nicht. Je mehr *Erfolg* ich hatte, desto mehr mußte ich arbeiten, um ihn mir zu erhalten. Der Erfolg war wie ein Hamsterkäfig, und ich war der Hamster. Ich hatte gehofft, eine wunderbare Ehe mit einem erfüllenden Familienleben zu führen. Trotz großer Erwartungen hatte ich mehrmals versagt. Ich hatte versucht, das Glück in schönen Dingen zu finden, aber am Ende besaß mich mein Besitz.

Diese Mißerfolge waren nicht nur nötig für mich gewesen, sondern geradezu mein Weg zum wirklichen Erfolg. Natürlich wußte ich das damals nicht, und man hätte mich auch nicht von einer solchen Sichtweise überzeugen können. Ich sah mich einfach als einen unglücklichen Mann an, der nicht wußte, was er wollte.

Aufhören war der erste Schritt

Den Wendepunkt erreichte ich 1979, als ich mindestens noch ein halbes Leben vor mir hatte. Ich sah eine düstere, einsame Zukunft vor mir und fragte mich, ob sich meine Erwartungen immer wieder zerschlagen würden, solange ich lebte. Ich appellierte an meine Ehrlichkeit und begann, dem nachzugehen, was ich falsch gemacht hatte. Wo war ich vom Weg abgekommen? Die Suche begann am Anfang, in meiner Kindheit.

Kann Wunscherfüllung glücklich machen?

Gleich fiel mir mein erstes Fahrrad ein. Ich konnte mich gut daran erinnern. Es war der erste Gegenstand, den ich unbedingt haben mußte. Es war ein lila Fahrrad im Eisenwarenladen des Städtchens. Wir hatten Weihnachtsferien, und ich war in der dritten Klasse. Wenn ich dieses Rad bekäme, dann würde ich für den Rest meines Lebens glücklich sein. Außer diesem Rad wollte ich nichts. Es war so wichtig, daß ich nicht einmal wagte, daran zu denken – jedenfalls nicht zu oft. Schließlich hatte unsere Familie nicht viel Geld, und das Fahrrad war sehr teuer.

Der Weihnachtsmorgen brach an. Am Baum war eine Schnur festgemacht, die bis zur Haustür und hinaus führte. Vielleicht! Vielleicht... Ich ging der Schnur entlang bis zur Veranda vor dem Haus, dann um die Ecke und da, am Ende der Schnur war... ein Fahrrad, lilafarben! Ich konnte mich vor Freude kaum fassen. Es war mir egal, daß es nicht das neue aus dem Eisenwarenladen war und daß meine Mutter es lila gestrichen hatte. Es war wunderschön! Ich war begeistert. Ich fuhr darauf herum. Ich putzte es. Es machte mich glücklich, einfach dazusitzen und es zu bewundern. Auf meinem Zauberrad flitzte ich im Viertel herum und machte Entdeckungsfahrten in unserer kleinen Stadt.

Nicht lange nach diesem phantastischen Ereignis bekam ein Freund ein neues Rad. Es war *funkelnagelneu* und hatte drei Gänge, und es war sehr schnell. Nach und nach büßte meines seine Besonderheit ein. Ich fuhr damit, aber putzte es nur noch selten. Und dann saß ich nie mehr einfach da, um es zu bewundern.

Ich erinnere mich nicht mehr genau, was danach kam. Ich wollte einen Haufen Dinge. Ich hortete Sammelpunkte für elektronisches Spielzeug und Modellflugzeuge. Im Gymnasium ging es darum, zum Fußballteam zu gehören und Prämien für die besten Zensuren zu gewinnen. Und natürlich mußte sobald wie möglich ein Auto her. An der Uni mußte ich natürlich Studentenvertreter sein. Dann kamen meine erste wirkliche Anstellung, die Befreiung vom Wehrdienst, daraufhin die Anwaltsschule, und natürlich Frau, Haus und Kinder. Und schließlich meine eigene Firma mit meinem Namensschild an der Tür. Und dann ein Boot, ein größeres Boot und so weiter. Bei allen diesen Dingen war ich überzeugt, sie würden mich für immer glücklich machen. Jedes einzelne war lebensnotwendig. Ich wurde älter, die Spielzeuge größer, aber keines befriedigte mich ganz.

Alles hatte mir immer ein Glück auf Zeit beschert, auf das Enttäuschung folgte. Recht lange Zeit war das so in Ordnung. Ich schmiedete einfach neue Pläne, suchte etwas anderes, das mich glücklich machen würde, und arbeitete wie besessen, um es zu bekommen. *Aber das Glück, das ich dabei fand, war nie von Dauer, so sehr ich auch danach suchte und soviel ich auch bekam.*

Ich habe schon mit vielen Leuten geredet, die vorgeben, glücklich mit dem zu sein, was sie erreicht haben. Dabei kommt immer heraus, daß sie noch glücklicher sein könnten, wenn sie noch etwas anderes hätten. Etwa, wenn sie nicht arbeiten müßten, mehr Geld oder Erfolg hätten, erleuchtet wären oder wenn sie ein besseres *Was-auch-immer* bekämen. Auch ich habe so ein vorübergehendes Glück erfahren, aber es hat nie genügt, um mich vollauf zu befriedigen. Ich wollte völlig zufrieden sein. War das denn möglich?

Was macht uns glücklich?

Als ich diese entmutigende Vergangenheit an mir vorüberziehen ließ, kam mir ein kleiner Gedanke. Ich hatte diese Dinge angestrebt, weil man mir gesagt hatte, sie würden mich glücklich machen. Weil andere sie haben wollten, wollte auch ich sie. *Aber...* wollte ich denn das Rad, das Segelboot, das Haus, die Arbeit und die perfekte Frau wirklich haben? Nicht weil jemand anderer, sondern weil ich sie wollte? Es dämmerte mir, daß ich gar nicht wußte, ob ich all diese Dinge oder irgendeines davon überhaupt wollte. Und wenn nicht, *was wollte ich dann wirklich*? Welche Frage!

Ich war an dem Punkt angelangt, an dem ich merkte, daß das *Alles-nach-meinem-Willen-Haben* nicht zu meinem Glück führte. Es war eine schreckliche Einsicht. Mein Problem war nicht, daß ich die falschen Entscheidungen traf. Ich kam gar nicht dahinter, was ich wollte, außer für kurze Zeit. Ob das der Grund für mein Versagen war?

Als ich mein Geschäft verkauft und beschlossen hatte, nach Kalifornien umzuziehen, hatte ich beispielsweise gedacht, es würde mich glücklich machen, auf einer großen Jacht zu leben. Ein Bootsbauer machte mir daraufhin Pläne für eine 16 Meter lange Ketsch, ganz aus Holz. Beim Verkauf meiner alten 12-m-Jacht kam eine Menge Hausschwamm zum Vorschein. Der Erlös daraus schrumpfte daher gewaltig, und Holz erschien mir nun nicht mehr so erstrebenswert. Der letzte Kostenvoranschlag für mein neues Segelboot war doppelt so hoch wie der erste. Mein Traum war aus, da ich keine Lust hatte, einen Haufen Geld in etwas zu stecken, was mir nicht sicher erschien. So entschied ich mich für eine 7-m-Jacht aus Plastik auf einem Anhänger, die ich hauptsächlich deswegen von meinem Bootsbauer erstand, weil ich ihn für seinen Zeitaufwand entschädigen wollte.

Die Geschichte geht weiter. Das kleine Segelboot war zu langsam, als daß ich an irgendeinem Rennen meines Jachtclubs hätte teilnehmen können. Ich verkaufte es und kaufte eine schnellere 8-m-Jacht. Jetzt setzte ich mich wirklich ein und gewann einige Preise, aber das genügte mir nicht. Ich wollte der beste Segler meines Clubs sein.

So kaufte ich eine 10-m-Jacht und gewann nach und nach einen Preis nach dem anderen, was der guten Konstruktion des Bootes und meiner Besatzung zu verdanken war, zu der einige der besten Segler der ganzen Gegend gehörten. Ich wurde Werksvertreter für diesen Jachttyp und hielt mich für recht kompetent; schließlich gewannen wir fast jede Regatta entlang der ganzen südkalifornischen Küste. Ich verbrachte fast meine ganze Zeit mit Regatten oder der Vorbereitung darauf.

In den folgenden Jahren wurden neue Jachten entworfen und völlig neue Segel entwickelt. Ich mußte viel hineinstecken, um weiterhin mit meiner Jacht mithalten zu können. Am Ende kostete es mich meine ganze Zeit und mein ganzes Geld, bei den Segelregatten weiterhin zu gewinnen. Das Ganze wurde so anstrengend, daß es keinen Spaß mehr machte.

Deswegen zog ich mich 1982 mit einer Menge Preise und Pokale zurück. Das Segeln, das einst Entspannung für mich gewesen war, war zur Schwerarbeit geworden. Jetzt segle ich nur noch selten, nie mehr in einer Regatta, und ich habe alle meine Preise weggegeben.

Meine Segelerfahrung ist ein Symbol für mein ganzes Leben. Das, was ich am Anfang am meisten will, befriedigt mich am Ende überhaupt nicht mehr. Ich bewege mich im Kreis. Was mir meiner Ansicht nach Glück verheißt, entgleitet mir ständig. Mein Verstand befand sich offenbar in einem ständigen Konflikt. Ich hatte unzählige Entscheidungen getroffen, und sie alle hatten zu Frustration geführt.

Betrachtung über die beiden Ichs

Als ich mir ansah, was immer wieder ablief, erschien es mir, als wären da zwei Ichs. Wenn das eine bekam, was es wollte, stellte das andere es in Frage. In meinem Kopf lief ein ständiger Kampf zwischen den beiden ab. Offenbar konnten sich die beiden Ichs über gar nichts einigen und verkörperten zwei grundlegend verschiedene Auffassungen. Das eine Ich war ein geselliges Wesen mit dem Bedürfnis, gut zu sein und das Richtige zu tun. Dieses Ich wollte unbedingt ein netter Mensch sein, obwohl das selten klappte. Es strebte immer nach Anerkennung von anderen. Das andere Ich war ein egozentrisches und pragmatisches Wesen, das hieb- und stichfeste Resultate für sich verlangte und sich nicht darum scherte, was andere dachten. Dieses Ich strebte nach dem eigenen Vergnügen und wollte frei sein. Es mochte keinerlei Kontrolle und wollte die Dinge auf seine eigene Weise tun.

Es sah so aus, als ob ich mir über diese beiden Ichs Klarheit verschaffen mußte, um herauszufinden, was ich wollte. Das eine Ich war offensichtlich das Endprodukt dessen, was andere – meine Eltern, Lehrer, Frau, Kinder, Geschäftspartner und Freunde – von mir erwarteten. Dieses Ich wußte ganz genau, was es wollte, und strebte auch eifrig danach. Gewöhnlich wollte es Erfolg in irgendeiner Form. Dieses Ich mußte ich sein, um Liebe und Anerkennung von anderen zu bekommen. Und Liebe war jedenfalls etwas, was ich unbedingt bekommen wollte.

Das andere Ich schien in einer tieferen Schicht angesiedelt zu sein und das zu verkörpern, was ich von Herzen wollte. Seine Bedürfnisse waren nicht klar abgegrenzt und entzogen sich oft meinem eigenen Bewußtsein. Dieses Ich drückte sich nicht so sehr in Dingen aus, die es wollte, sondern in solchen, die es *nicht* wollte. Es schien sehr unsicher, launisch und kritisch zu sein. Oft tadelte es das andere Ich, es habe schlecht entschieden, und versuchte es zu bewegen, realistischer zu sein. Wenn das erste Ich ein Idealist war, so war das zweite ein Kritiker.

Und wer war ich? Eines dieser beiden Ichs oder eine Kombination von beiden? Vielleicht war ich der Beobachter, ein dritter Teil, der diese ganzen Fragen stellte und verstehen wollte.

Die eigene Identität finden

Wer bin ich? Das ist eine Frage, die wir alle selbst beantworten müssen. Die Antwort eines anderen reicht nicht aus. Heute bin ich der Ansicht, daß es nicht nur die Antwort auf eine Frage ist, sondern eine Erfahrung, die ein Leben dauert. Wenn ich euch meine Erfahrungen und meinen Entwicklungsprozeß erzähle, so bestärkt euch das vielleicht bei eurer Suche, aber es ist nicht eure Antwort. Die müßt ihr alle selber finden.

Ich glaube, daß die Frage: »Wer bin ich?« sich nur durch *Nach-innen-Hören* beantworten läßt, weil das Ich, das die Frage bewußt stellt, gar nicht imstande ist, die Antwort zu begreifen. Zur Zeit ist unser Geist voller Konflikte und verwirrt. In einer Welt, in der sich Auffassungen und Identifikationen ständig ändern, wissen wir nie, was wir wirklich wollen. Nur durch *Nach-innen-Hören* können wir ein höheres Bewußtsein erlangen, wo das, was ich will und wer ich bin, erkannt werden kann und sich niemals ändert.

In diesem Buch beschreibe ich, wie sich die Dinge auf meiner Suche nach Antworten auf diese grundlegenden Fragen zum Guten wandten.

2

Hören und Annehmen

Die ersten zögernden Schritte zum Glück

Am Anfang erschien mir nichts mehr sicher. Ich glaubte nicht mehr, daß Gott gut war oder daß am Ende alles gut ausgehen würde. Die Welt schien chaotisch und das Leben ein Überlebenstest zu sein, in dem man zum Scheitern verurteilt war. Ich wollte etwas, womit ich hier und jetzt Glück und Frieden finden konnte. Die ausgeklügelten Erklärungen anderer über den Sinn des Lebens befriedigten mich nicht. Ich wollte eine praktische Methode haben, um mich jetzt des Lebens zu erfreuen, oder wenigstens zur Erkenntnis gelangen, daß das Leben keinen Sinn hatte.

Auf dem Felsen sitzen

Ich gab beinahe alle geschäftlichen und gesellschaftlichen Tätigkeiten auf. Ich wollte nichts tun, bis ich wenigstens etwas klarer sah. Jeden Tag lief ich zum nahegelegenen Strand, setzte mich hin, sah hinaus aufs Meer und ... wartete. Einen Großteil dieser Zeit verbrachte ich damit, mich zu bemitleiden. Während ich darauf wartete, daß etwas geschah, gingen mir stereotype Gedanken etwa dieser Art im Kopf herum: »Wenn es einen Gott gibt, dann muß Er sich auf bestimmte Grundsätze oder Gesetze abstützen. Wenn Er das nicht tut, ist Er ein unberechenbarer Chaot, und dann kann man unmöglich verstehen, auf welche Art Er wirkt. Wenn Er über mein Verständnis hinausgeht, dann ist es egal, ob Er existiert. Und wenn man Ihn verstehen kann, wie stellt man es dann an, um das zu erkennen?«

Da hatte ich eine einmalige Idee. Die Wissenschaft weist doch Dinge dadurch nach, daß sie eine Hypothese aufstellt und dann zu beweisen sucht, daß diese wahr ist. Solange sich die Hypothese in verschiedenen Experimenten als gültig erweist, wird sie wenigstens solange für wahr gehalten, bis sie nicht mehr stimmt. Wir beweisen, daß Elektrizität existiert, indem wir ihre Wirkungen beobachten. Dabei hat niemand die Elektrizität gesehen oder weiß wirklich, was sie ist. Nehmen wir also an, daß es einen Gott gibt und daß Er Grundsätze hat. Ich konnte diese Grundsätze auf die Probe stellen, indem ich versuchte, ihre Wirkungen zu erkennen und sie zur Lösung meiner Probleme einzusetzen. Wenn ich meine Probleme mit ihnen lösen konnte, würde das beweisen, daß es einen Gott gab. Da angenommen wird, daß Er ein liebender Gott ist, würde Er mir vielleicht sogar dabei helfen. Wenn es hingegen keinen Gott gab, oder wenn Er mir nicht half, so würde es auch gut sein, das herauszufinden. Ich hatte jedenfalls bei diesem Experiment nichts zu verlieren.

Bisher hatte ich ein Ziel immer dann am besten erreicht, wenn ich mich mit Haut und Haaren dafür einsetzte. Ich machte also mit mir ab, daß ich ein ganzes Jahr meines Lebens daransetzen würde, ausschließlich Dinge zu tun, die geeignet waren, die Existenz eines Gottes zu beweisen. Ich beschloß, das Experiment damit zu beginnen, daß ich jeden Morgen zum Strand lief, mich auf einen Felsen setzte und versuchte, in Kontakt mit Ihm zu treten. Den Rest des Tages würde ich damit verbringen, Ausschau danach zu halten, wie Gott sich bemerkbar machte. Sollte es nach einem Jahr meiner Bemühungen nicht klar sein, daß es Ihn gab, dann würde der Fall abgeschlossen sein. Ich muß doch sagen, ich schätzte meine Chancen, Gott, Seine Grundsätze oder etwas Sinnvolles in dieser sinnlosen Welt zu finden, als sehr gering ein.

Ohne es zu wissen, hatte ich einen wichtigen Schritt getan. Ich war bereit, meine Anstrengungen aufzugeben und auf Lösungen zu warten. Das tat ich, weil ich nicht wußte, was ich tun sollte. Später sollte ich erfahren, daß das der erste von drei grundlegenden Schritten ist.

Drei grundlegende Schritte

Der *erste Schritt* ist *still sein*. Das bedeutet nicht, einfach nur zu schweigen, sondern offen zu sein und nach der geistigen Führung Ausschau zu halten. Die beiden nächsten Schritte kamen viel später. Ich will sie euch aber jetzt schon verraten, damit ihr einen Überblick über den ganzen Prozeß bekommt.

Der *zweite Schritt* besteht darin, deine innere Führung *anzunehmen*, egal, ob sie mit deiner Ansicht darüber, was zu tun sei, übereinstimmt oder nicht. Das heißt, daß du nicht versuchen sollst, das, was du in deinem Innersten hörst oder fühlst, an deine vorgefaßten Meinungen und Ansichten anzupassen.

Der *dritte und letzte Schritt* besteht darin, dieser Führung dadurch nachzukommen, daß du *tust*, was sie dir rät. Es reicht nicht aus, daß wir einfach nur denken, wir müßten unsere Führung auch in die Tat umsetzen. Immer wieder ist mir gezeigt worden, wie wichtig es ist, sich selber einzubringen und persönliche Erfahrungen zu machen. Das scheinen drei einfache Schritte zu sein, aber ich kann euch sagen, daß das ein anspruchsvoller Prozeß ist.

Während dieser ganzen Zeit tat ich nicht viel anderes als laufen, lesen, mit meiner Katze Spukie fernsehen und segeln. Das alles verschaffte mir eine Menge ruhige Zeit. In diesem Zustand war mein Geist nicht mit den Dingen der Welt beschäftigt. Landläufig bezeichnet man das als Meditation. Allein zu sein und zu schweigen war wichtig, aber das Wesentliche dabei war, meine Sorgen hinter mir zu lassen und Seelenruhe zu finden.

Winzige Einsichten

Ich tat, was mir am natürlichsten erschien. Ich machte gerne Dauerlauf, weil es mich sowohl beruhigte, als mir auch abzunehmen half. Ich saß auch gerne auf meinem Felsen am Strand und sah auf das Meer hinaus. Oft segelten mir dort kleine Gedanken zu. Ich möchte hier zwei Beispiele für das anführen, was damals geschah.

Jeden Tag suchte ich mir am Strand den schönsten Stein aus, den ich finden konnte. Daheim legte ich ihn in eine alte Badewanne in meinem Garten. Eines Tages kam mir der Gedanke, ich könnte den unscheinbarsten Stein aufheben, der zu finden war. Als ich ihn mit heimnahm und zu den schönen Steinen legte, sah ich, daß auch er einzigartig war. Ich war mir wirklich seiner Schönheit bewußt. Er war nicht mehr nur ein gewöhnlicher Stein, sondern hatte sein eigenes, besonderes Wesen. Ich erinnere mich, daß mir der Gedanke kam, ein Stück Kohle müßte auf einem Planeten voller Diamanten wohl sehr wertvoll sein. In dieser Welt vertreten wir die Meinung, daß Knappheit den Dingen ihren Wert gibt. Vielleicht sollte es nicht die Knappheit sein, die die Dinge wertvoll macht, sondern unsere Freude an ihnen.

In jener Zeit, es war 1979, fand ich eine Menge Plastik und

Müll am Strand. Ich regte mich furchtbar auf. Die Dummheit war mir zuwider, mit der Menschen immer noch ihre Umwelt zerstörten. Viele Leute machten sich Gedanken über die Atombombe, aber in Sachen Umweltverschmutzung wurde wenig getan. Damals hatte ich einen sehr ungewöhnlichen Gedanken, obwohl er heute ganz normal erscheint. Ich hatte das Gefühl, daß wir uns keine Sorgen darum zu machen brauchten, daß Bomben und Kriege unseren Planeten zerstören könnten. Unsere wirkliche Sorge sollte der Umweltverschmutzung gelten. Dieser Gedanke erfüllte meine Meditationen wochenlang.

Eines Tages hatte ich auf meinem Felsen eine Vision: Da war ein Planet, weit entfernt im Universum, und darauf waren zwei grüne Lebewesen, die in den Himmel schauten. Sie hatten lange Arme und dünne Finger, die sie ganz liebevoll miteinander verschlungen hatten. Jenseits dessen, was sie an Sternen und Monden sehen konnten, außerhalb ihrer Sichtweite und tief im Abendhimmel versteckt, starb die Erde gerade in ihrem eigenen Dreck. Die Wellen vergifteter Meere brachen sich an verschmutzten Stränden. Die Luft war gelb vor lauter Säure. Zuweilen fiel ein orangefarbener Regen, der alles tötete, worauf er fiel. Dann explodierte dieses ganze giftige Durcheinander urplötzlich in einer chemischen Reaktion. Alles, Shakespeare, die griechische Mythologie, alle Kulturdenkmäler und all die erstaunlichen Erfindungen des modernen Menschen: alles war auf einen Schlag dahin. Die beiden Wesen sahen zu, während unser Planet in einem Funkenregen verging. Und während sie einander noch enger umfingen, flüsterte das eine: »Schau, mein Herz, eine Sternschnuppe! Wir können uns etwas wünschen.« Ich war traurig, begriff aber, daß es keine Rolle spielte. Das Leben würde weitergehen.

Es lag an den Menschen, zu entscheiden, ob sie dem Gesetz nachkommen und überleben wollten. Wurde das Gesetz mißachtet, so war das Ergebnis unausweichlich. Es gab keine Bestrafung, nur eine Entscheidung. Wofür entschied ich mich? Traf ich die falschen Entscheidungen und erwartete dann, daß das Gesetz nicht wirksam würde? Und wie lautete das Gesetz?

Diese Einsichten und Erfahrungen beschäftigten mich sehr. Sie waren nicht die Antworten, die ich haben wollte, aber genug, damit ich weiterging, vor allem, da ich mich für ein Jahr verpflichtet hatte. Einsichten waren mir nicht fremd. Nichts von alledem ging über meine eigenen geistigen Fähigkeiten hinaus. Ich konnte nicht sagen, daß ich mit Gott in Kontakt getreten war, noch hatte ich das Gefühl, daß Er es tat. Um so etwas zu glauben, brauchte ich etwas Großes, zum Beispiel einen brennenden Dornbusch wie jenen in der Bibel, der zu Moses redete; das würde mich überzeugen. Wenn Gott Kontakt zu mir aufnahm, würde es nicht ein spektakuläres Ereignis sein, das sofort ins Auge fiel?

Warten auf den brennenden Dornbusch

Bevor ich mich zu meinem allmorgendlichen Lauf aufmachte, las ich jeden Tag in der Bibel. Ich öffnete sie einfach irgendwo und las den Abschnitt, auf den mein Blick gerade fiel. Gewöhnlich geschah dann während des Tages irgend etwas, das mit diesem Abschnitt oder den Gedanken, die mir am Strand dazu kamen, zu tun hatte. Kleine Begebenheiten auf der Straße, etwas im Fernsehen oder ein Satz, den jemand sagte, spannen dann meine Gedanken weiter. Diese Zufälle häuften sich, und das fand ich ganz erstaunlich. Ich lasse mich aber nicht leicht überzeugen, und somit genügten diese kleinen Zufälle nicht, um irgend etwas zu beweisen. Jeden Morgen freute ich mich mit einer Mischung von Interesse und Skepsis auf meine aufs Geratewohl aufgeschlagene Bibelstelle. Ich billigte den

Texten etwa soviel Wahrheitsgehalt zu wie meinem Horoskop in der Zeitung. Interessant, na und? Ich werde die Bibel solange lesen, wie es funktioniert, solange die Zufälle weiterhin eintreffen.

Eines Tages öffnete ich die Bibel bei dem Kapitel, wo die ganzen Geburtenfolgen aufgezählt werden. Ihr wißt schon: Er zeugte den, und der zeugte diesen, und dieser zeugte jenen usw., mehrere Seiten lang. Am Ende bekommen die Juden einen Rüffel und werden ein »halsstarriges Volk« genannt. Richtig, dachte ich, diese alten Juden waren doch ein recht stures Völklein.

Ich zog mich an und fing an zu laufen. Dabei dachte ich, daß das eben Gelesene nichts mit mir zu tun hatte. Zwei Wochen lang waren die jeweiligen Stellen Volltreffer gewesen.

Heute morgen aber war es ja nur eine lange Namensliste von Leuten gewesen, die schon lange tot waren. Das ist der Beweis, dachte ich bei mir, diese komischen Geschehnisse waren also bloß Zufälle. Während ich so lief, merkte ich, daß mein Hals mir vom Vorabend her weh tat. Mit jedem Schritt wurde mein Hals steifer.

Halsstarrig – das bin ich! Hätte ich damals gelebt, so wäre ich genauso gewesen wie diese alten Juden. Nach ihrer Rettung vor den Ägyptern bockten sie bei jeder Gelegenheit. Sie wollten ständig Beweise haben. Sie hatten sogar Angst, als tagsüber eine Wolke und nachts eine Feuersäule ihnen den Weg zeigte. Sogar nach der Teilung des Roten Meeres und nachdem sie täglich mit Manna gesättigt worden waren, zweifelten sie noch. Überdies hatte auch Moses Zweifel. Bis dahin hatte ich mich immer nur gefragt, wie diese Leute der biblischen Zeit nur so halsstarrig sein konnten und nicht sahen, daß Gott sich ständig um sie kümmerte. Jetzt wurde mir klar, daß ich genauso war wie sie.

Der halsstarrige Zweifler

Da mußte ich über mich lachen. Was hatte ich bloß für Gedanken über so halsstarrige Zweifler und war selbst der größte! Mein ganzes Leben lang hatte ich alles angezweifelt, was ich nicht selber erlebt hatte. Sogar als Kind hatte ich meine Hand ins Feuer gehalten, um die Flammen zu spüren. Ich konnte einfach meiner Mutter nicht glauben. Ich mußte die Hitze selber spüren.

Dann aber wurde ich auf ganz unglaubliche Weise beruhigt. In meinem Geist hörte ich: »*Mach dir keine Gedanken, Zweifler sind ganz in Ordnung. Zweifler, die Beweise verlangen und die Dinge nicht einfach nur deswegen akzeptieren, weil jemand behauptet, sie seien wahr, sind sehr geliebt. Gesegnet sind die Zweifler, denn wenn sie endlich überzeugt sind, dann lassen sie sich nicht mehr davon abbringen. Sie haben alle Möglichkeiten erschöpft und keinen anderen Ausweg mehr. Sei einfach ein guter Zweifler, und zweifle an allem, bis es sich selbst bewiesen hat.*« »Ja, das kann ich tun!« dachte ich, »Mensch, das hat sich ja direkt wie ein Kontakt angefühlt!« Was ich da gehört hatte, hätte ich sicherlich nie selber denken können, und es gefiel mir sehr.

Die Suche geht weiter

Es ist nicht leicht, jenes Jahr der Suche zu beschreiben. Ich war verwirrt, zeitweise frustriert und fühlte mich einsam. Augenblicke danach war ich wieder von Ereignissen und Gedanken völlig hingerissen. Damals bezeichnete ich das, was geschah, nicht als innere Führung, es waren bloß zufällige Gedanken, Einsichten und Geschehnisse. Der Gedanke an eine innere Führung kam mir erst später, kurz vor meiner ersten

Europareise. Damals aber war die Kommunikation nur sporadisch, unvorhersehbar und trat oft in Form von plötzlichen Einsichten auf.

Der Kontakt mit dieser anderen Denkweise fand auf verschiedenste Weise statt. Es kam mir etwa unvermittelt ein Bibelzitat in den Sinn, das etwas mit dem zu tun hatte, was ich gerade tat. Oder ich fühlte mich stark zu einem bestimmten Ort oder Anlaß hingezogen. So etwas ereignete sich, als mein innerer Führer mir die Idee zuspielte, ich solle mir ein Geburtstagsgeschenk kaufen. Mit der Post war eine Ankündigung gekommen, daß Buckminster Fuller eine eintägige Veranstaltung abhalten würde. Er ist der Mensch, der unter anderem die geodätischen Kuppeln erfunden hat. Das Programm war an jemanden adressiert gewesen, der vor Jahren in meinem Haus gewohnt hatte, aber mir war klar, daß es für mich bestimmt war.

So verbrachte ich denn meinen ganzen Geburtstag, den 26. Februar, in einem Workshop von Buckminster Fuller in Los Angeles, den er »Tag der Einheit« nannte. Ich ging mit niemandem hin und schloß mich auch niemandem an. Ich wollte wirklich allein sein und mir ein Geschenk machen. Das war eine neuartige Idee für mich. Ich hatte noch nie so etwas gemacht, und schon gar nicht allein. Ich sonnte mich in »Buckys« herrlicher Energie und genoß alles, was er zu erzählen hatte. Dann lernte ich ihn sogar noch persönlich kennen. Ich kaufte mir eines seiner Bücher, und er gab mir ein Autogramm auf einem Segelfoto darin.

Ich schätzte »Buckys« Bücher sehr; was er schrieb, gab mir eine übergreifende Sicht der Welt und ihrer Möglichkeiten. Besonders lieb war mir seine Ansicht, das Grundprinzip des Universums und der Schöpfung sei die Einheit. Etwas später begegnete mir Walter Starke, dessen Bücher mein »Christus«-Bild stark erweiterten (darüber werde ich später noch eingehend berichten). Solche Begegnungen ergaben sich immer auf verschlungenen Wegen; nie hatte ich sie geplant. Es sah so aus, als seien sie von einem unsichtbaren Dirigenten inszeniert worden.

Ein Muster zeichnet sich ab

Langsam kam in dieser Zeit ein eindeutiges Muster zum Vorschein. Es erinnerte mich an ein Puzzle. Jedes Ereignis, Buch oder zufällige Zusammentreffen schien hineinzupassen. Ich wußte nicht, was das Puzzle darstellen sollte, aber ich konnte sehen, wann ein Stück hineinpaßte. Die richtigen Bücher schienen mir ins Haus zu schneien. Ich suchte sie mir nie aus, sie suchten mich aus. Sie lagen auf Verkaufstischen, zuvorderst bei Ramschverkäufen, ich bekam sie geschenkt, oder sie gelangten sonstwie zu mir. Die Bücher, die ich bewußt aussuchte, schienen mir nie so recht nahezugehen. In jener Zeit traf ich auch ständig Leute, sah Fernsehprogramme oder hatte andere Begegnungen, die mit meinem aktuellen Thema zu tun hatten. Meine Rolle dabei war nur, einfach zu beobachten, was da ablief, und dabei etwas zu lernen.

Die Hochschule

Ich erinnere mich, daß ich nach einer Weile dachte: »Das ist wie an der Uni. Es ist, als gebe ein unsichtbarer Lehrer einem einen Hochschulkurs.« In jedem Semester wurde ein spezielles Thema durchgenommen. Jeder Kurs bestand aus einer Reihe von Lektionen. Eine kam nach der anderen. Allerdings wurde mir die Beziehung zwischen einem Ereignis und dem, was gerade gelehrt wurde, oft erst im nachhinein klar.

Lektionen über die »wahre Liebe«

Nachdem ich aus Oregon fortgezogen war, verwandelte sich meine Freude darüber, endlich von meiner zweiten Ehe frei zu sein, in Kummer. Ein großer Schmerz kam über mich. Ich hatte das Gefühl, die Liebe meines Lebens verloren zu haben. Ich versuchte vergeblich, diese Leere mit zahlreichen anderen Beziehungen zu füllen.

Manchmal, wenn es meiner Ex-Frau nicht gutging, rief sie spätabends an und redete stundenlang. Einige Male rief sie an, als ich Damenbesuch hatte. Es war mir sehr unangenehm, die Probleme anzuhören, die meine Ex-Frau mit anderen Männern hatte, und danach von meiner Begleiterin vorgesetzt zu bekommen, ich sei gefühllos ihr gegenüber. Schließlich hielt ich es nicht mehr aus. Ich bat meine Ex-Frau, mich nicht mehr anzurufen. Wenn sie wirklich etwas mit mir ins reine bringen wollte, so würde ich ihr eine Flugkarte schicken, und sie konnte mich besuchen kommen. Diese Aussicht verstimmte meine damalige Freundin noch mehr, aber es schien die einzige Lösung zu sein.

Wir setzten ein Datum für ihren Besuch fest. Als sie da war, freute ich mich wirklich, mit ihr zusammenzusein, und meine Hoffnung wuchs, wir könnten es vielleicht noch einmal miteinander versuchen. Wir redeten und redeten und hatten viel Spaß miteinander, aber alte Verletzungen machten sich immer wieder bemerkbar. Ich konnte nicht verstehen, warum ihr der Mann so wichtig war, der meiner Meinung nach der Grund für unsere Scheidung gewesen war. Ich konnte einfach nicht begreifen, wie sie uns beide lieben konnte.

Gerade da betrank sich meine Freundin aus lauter Niedergeschlagenheit über den Besuch meiner Ex-Frau. Als sie völlig angeschlagen aus einer nahen Bar nach Hause wollte, wurde sie beraubt und beinahe vergewaltigt. Um vier Uhr früh rief sie mich an: Sie brauche mich. Sofort fuhr ich zu ihrer Wohnung und versuchte, sie zu trösten. Ich war selbst völlig durcheinander und wußte nicht, was ich tun sollte. Meine Freundin liebte mich; ich liebte meine Ex-Frau; und meine Ex-Frau liebte mich und noch jemand anderen. Sollte ich mich mit jemandem abfinden, der mich liebte, oder versuchen meine Ex-Frau zurückzugewinnen?

Auf dem Weg nach Hause fuhr ich am Meer entlang, gerade als die Sonne aufging. Es war ein erhebender Anblick. Ich dachte, wie schön doch die Welt sei und wie viele schöne Frauen es darin geben müsse. In meinem Leben würde ich nur sehr wenige davon kennenlernen. Bestimmt waren viele ebenso liebenswert wie meine Ex-Frau. Da gab es doch sicher mehr als eine Frau für mich. Das gab mir ein Gefühl großer Freiheit und Erleichterung. Ich mußte mich nicht mehr an nur einen Menschen als meine Quelle für die »wahre Liebe« klammern. Es konnte zahlreiche wunderschöne Beziehungen geben. Da überkam mich eher ein Gefühl als ein Gedanke. Ich sah eine Welt mit Millionen von liebevollen, wunderbaren Frauen. Sicherlich würde ich da Liebe finden können.

Meine Verzweiflung löste sich auf. Ich kam heim, als meine Ex-Frau gerade das Frühstück machte. Da konnte ich ihr wahrhaft sagen: »Ich liebe dich sehr, aber wenn du nicht bei mir bleiben willst, kann ich auch ohne dich weiterleben.« Ich sagte das ohne Ärger, vielmehr in Erkenntnis der Wahrheit. Wahrscheinlich war es das erste Mal, daß ich sie so schätzte, wie sie war, und nicht als meinen *einzigen* Quell der Liebe. Ich liebte sie, aber ich konnte trotzdem auch andere lieben. Sie konnte andere lieben und trotzdem auch mich lieben.

Als wir später am selben Tag im Garten saßen, erzählte sie mir, welch tiefe Gefühle sie für den anderen Mann in ihrem Leben empfand. Zum ersten Mal konnte ich wirklich zuhören und aufnehmen, was sie sagte. Es wurde mir klar, weshalb sie ihn liebte. Ich konnte ihr glauben, daß sie uns beide liebte. Am nächsten Tag bei der Abreise meinte sie, sie komme vielleicht wieder. Als sie ins Flugzeug stieg, wußte ich, daß das nicht geschehen würde, obwohl ein Teil von mir das hoffte. Zwei Tage darauf rief sie mich an und sagte, sie reise mit dem anderen Mann nach Europa. Einige Monate später waren sie verheiratet. Damals war meine Heilung, was diese Beziehung und die wahre Liebe anging, noch nicht vollkommen, aber ich fühlte mich schon sehr viel freier.

Wahrhaft lieben zu lernen sollte mich weitere zehn Jahre kosten. Es dauerte vier Jahre, bis ich den beiden schreiben und ihnen dafür danken konnte, was geschehen war. Dann konnte ich allerdings einsehen, daß sie ein großer Segen für mich gewesen waren und daß ich nichts verloren hatte. Ihr Segen führte dazu, daß ich nun überall Liebe finden konnte. (Diese Geschichte erzähle ich später zu Ende.)

Die innere Führung macht sich bemerkbar

Am Ende des Jahres wußte ich ohne Zweifel, daß ich geleitet wurde. Ich schwor mir, meine Suche so lange fortzusetzen, bis ich die Führung in jeder Situation klar und deutlich hören konnte. Jetzt fragte ich in jeder Lebenslage, wohin ich gehen, was und wie ich es tun sollte, und vor allem, was die Dinge bedeuteten. Die Führung kam gewöhnlich in Form eines Gedankens, der sich von meinen normalen Gedanken unterschied. Sie stellte sich etwa als eine ganz spezielle Vorstellung oder eine klare Einsicht ein, erinnerte mich an etwas oder rief mir etwas ins Gedächtnis zurück. Wenn das geschah, überkam mich ein Gefühl wie: »Ja klar!« Manchmal trat sie nur als leichte Vorliebe oder Tendenz zutage, andere Male war sie so stark, daß sie nicht zu übergehen war. Die Lösungen, die mir diese innere Führung anbot, waren weitaus besser als meine eigenen Vorstellungen davon, was zu tun sei. Sie waren noch kein brennender Dornbusch, aber ich fühlte mich großartig und wußte, daß die Dinge sich zum Guten wenden würden. Das sollte allerdings länger dauern, als ich mir vorgestellt hatte.

Ein fester Entschluß ist unentbehrlich

Wie sehr ich auch bei jeder Gelegenheit fragen wollte, manchmal vergaß ich es wieder. Es konnte Stunden, manchmal einen ganzen Tag dauern, bis ich merkte, daß ich die Dinge wieder auf meine Weise tat und nicht um Führung bat.

Gewöhnlich vergaß ich das, wenn es nur eine Möglichkeit zu geben schien. Das war häufig der Fall, wenn etwas Gutes geschah. Ich ging immer dann in mich und bat um innere Führung, wenn sich etwas Schlechtes zu ereignen schien, wenn es aber etwas Gutes war, nahm ich einfach an, die Dinge sollten wohl so sein. Stellte sich später Ärger oder eine Spannung wegen dieser guten Dinge ein, wurde mir bewußt, daß ich nicht »nach innen gehört« hatte. Da wurde mir klar, daß das Gute einfach etwas war, das mit meinen Plänen übereinstimmte. Es war aber nötig, daß ich auch dann »nach innen hörte«.

Nach und nach erkannte ich, daß gut und schlecht vorwiegend Bezeichnungen waren, mit denen ich das, was ich tat, rechtfertigte. Es waren einfach Namen oder Begriffe, mit denen ich das beschrieb, was geschah. Diese beiden Begriffe ergaben sich aus meiner Beurteilung, die wiederum auf meinen Erfahrungen beruhte. Was gut war, wenn ich es tat, war oft schlecht, wenn jemand anderes es tat. Was jetzt gut war, konnte später schlecht sein. Gut und schlecht oder recht und unrecht waren meine eigenen Schöpfungen. Sie waren nichts Absolutes. Sie waren nicht wahr!

Kein Urteil fällen

Die innere Stimme bat mich, unabhängig davon, ob ich etwas für gut oder schlecht hielt, kein Urteil zu fällen, meinen geschäftigen Geist zu beruhigen und nach innen zu hören. Das war sehr schwer, wenn ich schon wußte, wie die Antwort lautete. Erst als ich mich fest dazu entschloß, in jedem Fall zu fragen, begannen wirkliche Veränderungen einzutreten. Ich bekam Anweisungen, die sich stark von den vorgestellten Lösungen meiner Probleme unterschieden. Tief in meinem Inneren wußte ich dann, was ich zu tun hatte, und trotzdem war da ein Wunsch in meinem Kopf, es anders zu tun. Es war aber nicht so, wie etwas zu tun, weil es gut für mich war. Letzteres ist eine »Iß-deinen-Spinat«-Mentalität, die besagt: »Tu es, weil es gut für dich ist, auch wenn du es nicht magst.« *Hören* war etwas anderes. Es wurde mir dadurch klar, daß meine erste Wahl nicht die beste Entscheidung für mich war, auch wenn mein Kopf immer behauptete, sie sei es.

Dieser Unterschied ist der Schlüssel zur
Unterscheidung von Führung und persönlicher Vorliebe.
Wie bei jeder Fähigkeit ist auch dafür Übung nötig.

Der Führung nachkommen heißt aber nicht, daß du aufgeben sollst, was du willst. Es fühlt sich vielmehr so an, als werde dir eine tiefere Sicht zuteil oder als bekämest du eine klarere Einsicht in etwas, was du schon zu wissen meintest. Es ist die Erkenntnis, daß das Ich, das in dieser Welt lebt, einen bestimmten Standpunkt vertritt, daß es aber einen Zugang zu einem höheren oder besseren Standpunkt gibt. Es ist ein Gefühl, als gehe man über das Alltägliche hinaus und berühre Dinge von unendlicher Wahrheit und Schönheit. Es ist das Aha-Erlebnis, wenn dir eine Einsicht kommt und du weißt, daß sie stimmt.

Ein einfaches Beispiel ist, wenn du versuchst, dich an etwas zu erinnern, und es dir nicht gelingt. Gib einfach für eine Weile auf, schieb es in eine Ecke deines Hinterkopfes, und geh deinen Beschäftigungen nach. Dann kommt die Lösung tief aus deinem Inneren, und du weißt, daß sie stimmt. Genau dieses Gefühl ist es. Ein Gefühl, von jenseits deines eigenen Denkens zu wissen, daß etwas stimmt. Wenn du innere Führung erfährst, dann stellt sich genau diese Art von Erkenntnis und Wissen ein.

Zu jener Zeit gewann ich Zugang zu dieser inneren Führung, aber ich fand ihn nicht immer. Manchmal war die Führung sehr deutlich, und manchmal kam gar nichts. Aber ich wollte etwas Zuverlässigeres haben. Ich wollte, daß die Führung stets, für jede Entscheidung und jederzeit zugänglich war. Ich war bereit, mehr dafür zu tun, doch wußte ich weder was noch wie. Die Gelegenheit sollte sich aber bald ergeben.

3
Im Fluß mit der Wirklichkeit

Die Reise mit dem inneren Führer

Am Ende des Jahres, das ich mir gesetzt hatte, litt ich nicht mehr unter dem abgrundtiefen emotionalen Schmerz. Ich hatte irgendwie das Gefühl, ich sei auf dem rechten Weg. Meine Wünsche und Bedürfnisse wurden zusehends einfacher, und ebenso mein Lebensstil. Ich wandte mich an meine Führung, nicht nur um Antworten auf meine Probleme zu bekommen, sondern um herauszufinden, was und wie ich es tun sollte. Es gab aber immer noch einige größere ungelöste Probleme in meinem Leben. Ich hatte noch keine befriedigende Beziehung angeknüpft, hatte keine klare Orientierung und wußte nicht genau, was ich mit meinem weiteren Leben anfangen sollte.

Du wirst sicher geführt

Seit ich 13 Jahre alt war, hatte ich davon geträumt, eine lange Europareise zu unternehmen. Als 1981 mein Sohn so weit war, daß er von zu Hause weggehen konnte, war ich endlich frei dafür. Da begann ich, Pläne für mein Abenteuer zu schmieden. Ich beschloß, Europa mit dem Auto zu erkunden, viel zu zelten und viel Zeit für Unvorhergesehenes einzuräumen. Damals hatte ich eine Beziehung mit einer schönen jungen Frau. Aber wie alle meine Beziehungen war auch diese mal heiß, mal kalt. Gerade vor meiner Abfahrt beschloß sie, mit nach Europa zu kommen. Wir hofften, daß die Reise uns zu einer Lösung unserer Probleme verhelfen würde.

Während der Reisevorbereitungen fuhren wir zu ihren Eltern, die in der Nähe von San Francisco lebten. Sie hatte schon seit langer Zeit Probleme mit ihrem Stiefvater, den sie, gelinde gesagt, schwierig fand. Ich beschloß, mein jüngstes Experiment auf diesen Fall anzuwenden. Eben hatte ich *The Ultimate Revolution* von Walter Starke gelesen, ein Buch, in dem der Autor sich vorstellt, jeder Mensch sei ein potentieller Christus. Das war eine wirklich zündende Idee für mich gewesen, und ich hatte mich bemüht, so weit wie möglich der Christus zu sein. Jedesmal, wenn ich im Zweifel darüber war, was ich tun sollte, fragte ich mich: »Was würde Christus in diesem Fall tun?« Und dann tat ich jeweils, was Christus nach meinem Empfinden getan hätte. Ich wandte diese Methode auf jede Entscheidung an, die ich zu treffen hatte.

Als wir ankamen, war ihr Stiefvater wie gewöhnlich sehr verschlossen und abweisend. Ich fragte meinen Führer bei jedem schwierigen Zusammentreffen mit ihm: »Und was würde Christus jetzt tun?« Daß ich auf meine Führung hörte, hatte eine verblüffende Wirkung auf ihn. Zuerst war er genauso schwierig wie immer, aber kurz darauf wurde er anders, gastlich und schließlich geradezu freundlich. An jenem Abend erzählte er mir beim Essen von seiner großen Enttäuschung, nämlich daß es ihm nie gelungen war, Karriere als Musiker zu machen. Wir redeten recht ausführlich über sein Leben. Ein tiefes Mitgefühl erfüllte mich für diesen Mann, und rasch entstand eine Freundschaft zwischen uns. Am zweiten Tag unseres Besuches wollte die Mutter meiner Freundin wissen, was ich getan hatte, um ihren Mann so zu verändern. Da erzählte ich ihr von meiner Erfahrung mit der inneren Führung und wie mein Leben sich seither verändert hatte.

Am Tag unserer Abreise nahm ich meine Freundin und ihre Mutter zum Mittagessen nach Tiburon mit. Dabei fragte mich die Mutter wieder, wie diese Führung sich mir zeigte und welchen spirituellen Weg ich gehe. Das waren immer unangenehme Fragen, da ich keinen Weg mit einem bestimmten Namen und auch keine zuverlässige Informationsquelle hatte. Vielmehr mußte ich ihr gestehen, daß ich nie im voraus wußte, was als nächstes geschehen würde, und auch, daß etliches aus kleinen Büchern stammte, die mir buchstäblich ins Haus schneiten. Sie bat mich, so ein kleines Buch für sie auszuwählen.

Unter unserem Restaurant war ein Buchladen, wo ich ein Buch für sie aussuchte. Da sprang mir auch das nächste kleine Buch für mich, das gerade neben der Kasse aufgelegt war, in die Augen, und ich erstand es: *Lieben heißt die Angst verlieren* von Gerald Jampolsky. Es gefiel mir so sehr, daß ich die Woche darauf, als wir wieder in San Francisco waren, nochmals in den Buchladen ging, um weitere Exemplare für meine Freunde zu kaufen.

Bei der Gelegenheit fragte ich auch nach einem anderen Buch, das in *Lieben heißt die Angst verlieren* erwähnt wird, nämlich *Ein Kurs in Wundern* (Greuthof Verlag 1994). Davon war gerade keines mehr vorrätig. Ehrlich gesagt, war ich erleichtert; der Titel sagte mir gar nicht zu.

Meine innere Stimme verschafft sich Gehör

Als ich die weiteren Exemplare von Jampolskys Buch kaufte, erfuhr ich, daß sein Heilungszentrum gerade hinter diesem Buchladen war. Solche Zufälle gehörten nunmehr so selbstverständlich zu meinem Leben, daß sie mir kaum mehr besonders auffielen. Ich ging also dorthin und stellte fest, daß es Führungen durch das Zentrum gab und daß eine solche ungefähr eine Stunde später beginnen sollte. Um mir die Wartezeit zu verkürzen, ging ich zum Ende der Anlegestelle und schaute still über die Bucht nach San Francisco hinüber, als eine Stimme hinter mir sagte: »Jetzt bist du bis hierher gekommen, vor was fürchtest du dich denn jetzt noch?« Da es so aussah, als sei diese Frage an mich gerichtet gewesen, drehte ich mich um. Ich war sehr erstaunt, daß niemand da war. Keine Menschenseele war auf der Anlegestelle zu sehen. Ich war völlig allein.

Meine Reaktion darauf mag etwas sonderbar anmuten, aber sie ist typisch für mich und bezeugt, daß ich es nicht lassen kann, eine Herausforderung anzunehmen. Anstatt von dieser ungewöhnlichen Begebenheit überwältigt zu sein, war ich vielmehr etwas gereizt. Ich wußte, was die Aussage bedeutete, und konterte mit: »Ich habe keine Angst. Ich geh' hin und hol' mir das verflixte Buch; ich will es dir schon zeigen!« Erst später am Tag dämmerte mir die volle Bedeutung dieser Begebenheit. Ich hatte meinen brennenden Dornbusch gefunden.

Die Buchhändlerin sagte mir, wo ich den Verleger von *Ein Kurs in Wundern* finden würde. Da es keine zwei Kilometer bis dorthin waren, fuhr ich also hin, um mir das Buch zu besorgen, wobei mir genügend Zeit für die Rückkehr zum Rundgang in Jampolskys Zentrum blieb. Als ich auf dem Weg zu diesem *Kurs in Wundern* war, faßte ich einige Entschlüsse: Ich würde sofort weglaufen, wenn mich irgend jemand dazu bringen wollte, mich zu irgend etwas zu verpflichten. Ich würde mir das Buch ansehen und es kaufen, wenn es sich gut für mich anfühlte. Ich würde mit niemandem reden, meinen Namen und meine Adresse nicht hinterlassen und mir auch nichts andrehen lassen, was ich nicht wollte. Ich dachte, ich würde an einen ganz sonderbaren Ort kommen, da dort Kurse über »Wunder« abgehalten wurden, und ich war fest entschlossen, so schnell wie möglich wieder abzuhauen.

Der Mann, der mir die Tür eines ganz gewöhnlichen Hauses öffnete, trug Tenniskleidung. Er war sehr in Eile und sagte: »Ich bin schon spät dran für mein Spiel; was wünschen Sie?« Ich sagte, ich wolle mir das Buch *Ein Kurs in Wundern* ansehen. Darauf antwortete er: »Dafür habe ich jetzt keine Zeit. Wollen Sie es kaufen oder nicht?« und reichte mir ein in braunes Packpapier eingeschlagenes Paket Bücher. »Es sind drei Bücher, sie kosten 29 Dollar.« Ich erinnere mich, daß ich das billig fand, hatte ich doch gerade 10 Dollar für ein kleines Büchlein bezahlt. Meine Entscheidung fiel ausschließlich deshalb, weil das ein gutes Geschäft war und auch, weil es diesem Mann offensichtlich völlig egal war, ob ich die Bücher kaufte oder nicht. Die ganze Situation war das völlige Gegenteil dessen, was ich mir ausgemalt hatte. Ich weiß noch, wie ich damals dachte, daß etwas dran sein mußte, wenn es den Leuten gar nicht darum ging, die Bücher zu verkaufen.

Einige Jahre später erfuhr ich, daß der Mann Robert Skutch gewesen war, ein bekannter Autor und Mitbegründer der *Foundation for Inner Peace*, die die Originalausgabe von *Ein Kurs in Wundern* verlegt. Ich werde ihm ewig dankbar sein für seine Bereitschaft, völlig er selbst zu sein und mir in einem äußerst kritischen Zeitpunkt auf diese Weise sehr geholfen zu haben.

Ich ging zum Auto zurück und öffnete mein Bücherpaket. Drinnen waren drei Bücher: zwei dicke und ein dünnes. Als ich erst einmal darin zu lesen begonnen hatte, konnte ich fünf Stunden lang nicht mehr damit aufhören. Meine Begleiterin fuhr uns nach Los Angeles zurück, während ich das dünne *Handbuch für Lehrer* las. Nach den ersten zwei Seiten wußte ich, daß das genau das war, wonach ich schon immer gesucht hatte. Endlich hatte ich meine Richtung gefunden. Ich ging überhaupt nicht mehr in Jampolskys Zentrum zurück. Ich brauchte nicht weiter zu suchen.

Bis zu diesem Zeitpunkt hatten mir verschiedene Bücher geholfen, aber in jedem war etwas gewesen, womit ich nicht einverstanden war. *Ein Kurs in Wundern* enthielt nur Dinge, die sich richtig für mich anfühlten. Es ist nun schon über zehn Jahre her, seit ich angefangen habe, mich mit dem *Kurs in Wundern* zu beschäftigen, und nie hatte ich Anlaß, meine Meinung über die reine Wahrheit zu ändern, die darin enthalten ist.

Auf deine eigene Antwort warten

Ich will damit nicht sagen, daß du *Ein Kurs in Wundern* als deinen spirituellen Weg wählen sollst. Ich meine damit:

Wenn du einfach immer nach dem richtigen Weg suchst und darum bittest, wird er sich dir von selber auftun.

Und mehr noch: Du wirst ihn erkennen, wenn er da ist. Das Warten mag frustrierend sein, aber ich empfehle dir trotzdem, dich nicht für etwas zu entscheiden, was sich nicht richtig anfühlt, nur weil du *gleich jetzt* Klarheit haben willst. Warte, bis du weißt: *Genau das ist für mich bestimmt,* und dann wirst du alles darüber wissen wollen und es mit Freude aufnehmen.

Den *Kurs in Wundern* schätze ich noch immer, aber ich beschäftige mich nicht mehr so intensiv damit wie die ersten sieben Jahre. Inzwischen sind mir andere Bücher in die Hände gefallen. Jedes war zu seiner Zeit genau richtig und hat mich direkt angesprochen. Die Bücher von Eileen Caddy aus Findhorn waren vor ungefähr drei Jahren genau richtig für mich. Und während ich dieses schreibe, übt Joel Goldsmith gerade einen tiefen Einfluß auf mich aus. Vor einigen Jahren waren die Aussagen von Goldsmith nett, aber machten keinen tiefen Eindruck auf mich. Warte, und was für dich stimmt, wird dir zur rechten Zeit über den Weg laufen.

Die völlige Hingabe

Ich ging also mit meinen neuen Büchern und meiner »idealen« Begleiterin auf Europareise. Endlich hatte ich alles bekommen, was ich brauchte. Ich beschloß, meine innere Führung bei jeder sich bietenden Gelegenheit um die Entscheidung zu bitten und jeden Tag getreulich im *Kurs in Wundern* zu lesen. Ich begann mit dem *Übungsbuch*, mit einer Lektion für jeden Tag des Jahres. Oft wird man darin angehalten, jede Viertelstunde kurz in sich zu gehen. Jede Stunde hielt ich an und las die Lektion noch einmal. Ich beschloß, daß das wichtigste für mich war, diese Lektionen anzuwenden. Das hatte nachhaltige Auswirkungen auf meine Sichtweise, während ich von Ort zu Ort fuhr.

In einem seltsamen Kloster

Bevor noch ein Monat um war, verließ mich meine Begleiterin. Ich bin sicher, daß sie davon überzeugt war, ich sei verrückt geworden. Die darauffolgenden sechs Monate war ich vorwiegend allein und verbrachte viel Zeit mit Zelten und Herumfahren in einem kleinen Auto ohne Radio. Es war das perfekte »Kloster« für mein nächstes Wachstumsstadium. Ich nenne es ein »Kloster«, weil es die längste Zeit in meinem Erwachsenenleben war, die ich je allein und ohne weibliche Partnerin verbracht hatte. Vieles von dem, was ich in der Zeit lernte und erlebte, habe ich in meinem ersten Buch, *Nach innen hö-ren*, erzählt, das einige Jahre nach meiner Rückkehr nach Amerika erschien. Es war eine Zeit völligen Vertrauens auf meine innere Führung in allen Umständen. Ich hatte um eine innere Führung gebeten, auf die ich mich völlig verlassen konnte. Was ich nicht klar sah, war, daß meine völlige Hingabe an das *Hören* nötig war, damit diese Verläßlichkeit sich einstellen konnte.

Auf der Reise war es *lebensnotwendig* gewesen, daß ich um alles und jedes fragte. Ich war in einer unbekannten, neuen Umgebung und kannte weder die Sprache noch die Sitten. An vielen Orten konnte ich nicht einmal so gewöhnliche Dinge wie Banken, Restaurants oder Warenhäuser erkennen. Ich wußte nicht, wohin ich ging, und meine alte Art der Problemlösung funktionierte meistens nicht. Wenn ich vergaß, zu fragen, und tat, was ich für das Beste hielt, war ich gewöhnlich nachher ziemlich frustriert. Das geschah nicht, wenn ich fragte. Die Dinge schienen ganz glatt zu verlaufen, auch wenn ich anfangs mit der Führung nicht einverstanden war. Als sich während dieser intensiven »Probezeit« der Unterschied zwischen diesen beiden Vorgehensweisen immer klarer herausschälte, wuchs meine Bereitschaft, in den kommenden Jahren der inneren Führung zu folgen.

Wie sich die innere Führung auswirkt

Ein gutes Beispiel dafür ist ein Erlebnis, das ich kurz nach meiner Ankunft in England hatte. Da ich nun schon einmal in England war, dachte ich, es sei eine gute Idee, ein Auto dort zu kaufen, wo ich wenigstens die Sprache kannte. Auch das sollte sich als nur halbwahr herausstellen. Ich wollte etwa 900 Dollar ausgeben. Ein englisches Auto sollte es nicht sein, weil ich vorwiegend in Europa unterwegs sein würde und dachte, ich würde mit dem Steuerrad auf der rechten Seite Schwierigkeiten haben. Außerdem wollte ich das Verdeck öffnen können, um die Sonne zu genießen. Ich beschloß, daß ein kleiner Citroën ideal wäre, und machte mich auf die Suche danach. Ich telefonierte viel herum und sah mir alle möglichen Autos an. Ich nahm sogar ein Taxi für eine lange Fahrt zu einem Citroën-Großhändler und gab einen Haufen Geld für eine ergebnislose Suche aus. Endlich erinnerte ich mich, daß ich ja nach innen gehen und fragen sollte. Am Anfang war das schwierig, weil ich so selbstverständlich auf mein eigenes Urteil gebaut und Entscheidungen getroffen hatte, ohne es zu merken.

Eines Tages zeigte mir der Besitzer des Hotels, wo ich wohnte, ein Zeitungsinserat, in dem ein gebrauchter Citroën angepriesen wurde. Das Auto war etwa zwei Fahrtstunden mit dem Zug entfernt und kostete mehr, als ich ausgeben wollte, aber ich beschloß, trotzdem hinzufahren, und machte einen Besichtigungstermin aus. Und da ich schon diese lange Zugreise machte, beschloß ich, außerdem bis zur Küste zu fahren, die nur drei Haltestellen weiter war als der Ort mit dem Auto. Ich brach also einige Stunden früher auf und nahm den Zug bis an die Küste. Am Strand hatte ich noch Zeit, in einem englischen Pub Fisch mit Pommes frites zu essen.

Immer noch sehr frühzeitig ging ich wieder an den Bahnhof, um mit dem Zug die drei Haltestellen zurückzufahren und den Mann mit dem Citroën zu treffen. Zu meinem Schreck fiel der Zug, den ich hatte nehmen wollen, aus. Mit dem nächsten Zug würde ich eine halbe Stunde zu spät zum Treffen kommen. Ich versuchte, den Autobesitzer anzurufen, aber er war nicht da, sondern wahrscheinlich unterwegs, um mich am Bahnhof abzuholen. Frustriert stand ich da.

Begegnung mit zwei Engeln

Als ich da so am Bahnhof wartete, hatte ich eine höchst erfreuliche Begegnung mit einer Witwe und ihrer geistig behinderten halbwüchsigen Tochter. Die Witwe erzählte mir von ihren Erlebnissen während des Krieges und wie sie ihren Mann im Krieg verloren hatte, und auch von ihrem unerschütterlichen Vertrauen in den Schutz Gottes. Als sie mich ansprach, war ich zuerst etwas verärgert, weil ich nicht gestört sein wollte. Ich hatte genug mit meinen eigenen Problemen zu tun. Aber sie hörte nicht auf und meinte, ich gleiche ihrem verstorbenen Mann sehr. Sie wollte wissen, was ich tat. Ich hatte keine Lust, ihr von meinem Experiment mit der inneren Stimme zu erzählen, damit sie mich nicht für eine Art von radikalem religiösen Spinner halten sollte. Also sagte ich, ich reise einfach herum. Sie fragte weiter. Je mehr ich von meinem verrückten Experiment preisgab, desto mehr half sie mir weiter. Im Laufe unseres Gesprächs sah ich plötzlich Gottes Boten in ihr und ihrer Tochter. Sie ermutigte mich sehr und erzählte mir von ihrem tiefen Glauben, daß Gott sich um sie sorge. Sie hatte keinen offensichtlichen Grund, so dankbar zu sein, war sie doch im Krieg Witwe geworden und mit einer Tochter zurückgeblieben, um die sie sich ständig kümmern mußte. Ich kann mich jetzt nicht mehr an alles erinnern, was wir redeten, aber es wird mir noch immer warm ums Herz, wenn ich an diese Begegnung denke. Seit jenem Treffen bin ich vielen von Gottes liebenden Engeln begegnet. Jetzt erkenne ich sie schneller.

Als ich endlich am Treffpunkt ankam, waren das Auto und sein Besitzer nicht mehr da. Ich war enttäuscht und entmutigt, aber ich dachte an die Frau von vorhin und ihre Tochter, an ihre Liebe und ihr Vertrauen in den Schutz Gottes. Da hörte ich: »Keine Sorge, alles ist in Ordnung.«

Ich ging über die Straße und schaute mir das Schaufenster eines Autohändlers an, um mir die Zeit bis zum nächsten Zug zu vertreiben. Das Geschäft war geschlossen, aber als ich eben gehen wollte, kam ein Mann an die Tür und schloß auf. Ich fragte ihn, ob ich mir die Autos ansehen könne. Als ich ihm sagte, wieviel ich ausgeben wollte, meinte er, er habe nichts in dieser Preislage. Ich erkundigte mich nach der Möglichkeit, ein Auto zu leasen, aber er sagte, das tue er nicht. Dann meinte er: »Wissen Sie, ich habe ein Auto da, das ich gegen ein neues in Zahlung genommen habe, das könnten Sie zu Ihrem Preis haben, aber es ist ein Skoda.« Ich hatte noch nie von einem Skoda gehört. Er führte mich hinter das Gebäude, wo der Skoda stand, und ich weiß noch, wie ich fand, es sei auf häßliche Art ein amüsantes Auto.

Er hatte das Auto seiner vorherigen Besitzerin neu verkauft, als er in einem anderen Autoladen gearbeitet hatte. Er kannte die kleine alte Dame recht gut. Wo hatte ich das bloß schon mal gehört? Er versicherte mir, daß der Wagen in einem ausgezeichneten Zustand sei. Er sah gepflegt aus und hatte wenige Kilometer drauf. Das Problem war, daß wenig Leute Skodas mochten. Es sind sehr einfache Autos, die gerade mit dem Nötigsten ausgestattet sind. Es stimmte mit dem Auto, das ich mir vorgestellt hatte, überhaupt nicht überein, außer im Preis. Es hatte kein abnehmbares Verdeck, das Steuerrad war rechts, und es war schlicht und langsam. Es fühlte sich aber trotzdem richtig an. Der Mann montierte noch neue Reifen, wechselte das Öl und wusch es. Zum Schluß kostete es weniger, als ich eingerechnet hatte. Zwei Tage später holte ich das Auto ab.

Wenn wir uns führen lassen, kommt Hilfe

Ohne mich in Einzelheiten zu verlieren, muß ich sagen, daß es das ideale Auto für mich war. Weil es so langsam war, mußte ich notgedrungen auf Landstraßen fahren, mich entspannen, die Landschaft genießen und konnte mich gar nicht beeilen.

Mit dem Steuerrad rechts kündigte es mich in jedem Land Europas als Ausländer an, was sich als eindeutiger Vorteil erwies. Die Leute helfen Fremden gern; oft wurde ich von Einheimischen zum Übernachten eingeladen, oder sie zeigten mir die Umgebung. Da es ein einfaches Auto war, konnte jeder es reparieren, der einen Rasenmäher auseinandernehmen konnte. Es hielt mir endlose Kilometer weit die Treue, und ich konnte es mir trotz meiner beschränkten Mittel leisten, überall hinzufahren. Ich blieb nie damit stecken, und es war auf unberechenbare Weise sehr verläßlich. Ich war im fortschreitenden Prozeß des *Hörens* um eine Erfahrung reicher geworden. Meine Erfahrungen haben sich seit dieser Reise über die Jahre hinweg immer mehr vertieft.

Nach dem Hören das Annehmen

Vor etwa fünf Jahren nahm eine neue Dimension des *Hörens*, die ich *Annehmen* nenne, in meinem Leben Gestalt an. Sie offenbarte sich mir mit der Gründung des Meditationszentrums *Las Brisas* und der Veröffentlichung meines ersten Buches. Es ging nicht mehr darum, daß ich in allem bewußt nachfragte. Dabei muß ich allerdings erwähnen, daß mein Wunsch nach Führung stets da war. Jetzt wurde ich buchstäblich Schritt für Schritt einen bestimmten Weg entlanggeführt. Ich brauchte nicht mehr zu fragen, was ich tun sollte. Was nötig war, wurde getan. Was nicht getan wurde, war nicht nötig.

Annehmen war nicht etwas, was ich angestrebt hatte. Es war einfach eine selbstverständliche Folgeerscheinung, bei der ich erlebte, daß ich bekam, was ich brauchte, noch bevor ich darum bitten konnte. Immer häufiger wurde es unnötig, zielgerichtete Fragen zu stellen. Mein Leben entfaltete sich wie von selbst und ohne mein Zutun. Es war dabei nicht wichtig, ob ich den nächsten Schritt in diesem Entfaltungsprozeß verstand oder nicht, sondern nur, daß ich Freude daran hatte und ihn sich entfalten ließ. Meine Aufgabe war, mich nicht einzumischen.

Vergangenheit, Gegenwart und Zukunft annehmen

Es wurde mir bewußt, daß diese fließende Qualität in meinem ganzen Leben, sowohl in der Vergangenheit wie in der Gegenwart, spürbar war. Vergangene Ereignisse, die wie unzusammenhängende Umwege ausgesehen hatten, fügten sich jetzt zu einem Ganzen zusammen. Ich erinnere mich noch heute an meine Überraschung, als mir das zum ersten Mal klar wurde. Jeder Mensch, jedes Ereignis paßten wie die Teile eines wunderschönen Plans zusammen, egal, was ich ursprünglich dabei empfunden haben mochte. Jetzt entpuppte sich die vordem unzusammenhängende Achterbahn meines Lebens als ein wunderbarer Wachstumsprozeß. Wahrscheinlich war mein erster Durchbruch in dieser Beziehung die Einsicht, daß meine Ex-Frau und ihr jetziger Mann das Vorbild für meine Lektionen in Liebe gewesen waren. Jeder Hauch von Ärger schwand, und ich war ihnen nun äußerst dankbar für das, was sie getan hatten, was mir damals viel Leid verursacht hatte, jetzt aber als wunderbares Geschenk erschien.

Entgegen meinen Überzeugungen wurde mir gesagt, daß ich nie jemanden verletzt hatte und daß auch niemand mich je verletzt hatte. Alles und jeder waren für mein Erwachen nötig gewesen. Andere gesellten sich zu mir, um ebenfalls zu erwachen, obschon es ursprünglich anders ausgesehen haben mochte. Damals wurde mir eine wunderbare neue Idee zuteil, mit der ich allerdings einige Wochen lang schwer zu kämpfen hatte. Ich sollte erfahren, daß es nichts derartiges wie *Behinderungen* gibt.

Es gibt keine Verzögerungen

Eine Vortrags- und Workshop-Reise führte mich 1985 nach Rußland und dann nach Europa. *Nach innen hören* war gerade in Englisch veröffentlicht worden, und jede Gelegenheit, den Inhalt des Buches mit anderen zu teilen, freute mich sehr, auch wenn es nur mit einer Handvoll Russen war. Auf dieser Reise begegnete ich vielen Menschen in Europa, die mehr über *Ein Kurs in Wundern* wissen wollten. Ich hatte dank meiner Marketing-Erfahrung eine Menge Ideen, wie das bewerkstelligt werden könnte. Ich schätzte den *Kurs* sehr, und ich suchte nach einer Möglichkeit, dieser Wertschätzung Ausdruck zu verleihen. Dem *Kurs* dazu zu verhelfen, daß er in Europa unter die Leute kam, schien mir ein ideales Vorhaben zu sein. Die vielen verwirrenden Darstellungen, wie dieses Material dort offenbar verbreitet wurde, kamen mir sehr bedenklich vor.

So trug ich denn meine Ideen der *Foundation for Inner Peace* vor, jener gemeinnützigen Stiftung, die den Originalkurs in Amerika herausbringt. Sie setzt sich aus einer Handvoll Menschen zusammen, die ich sehr achte und bewundere. Zu jener Zeit waren sie sogar Vorbilder für mich, denen ich nacheiferte. Als ich meine Ideen vor einigen Mitgliedern der Stiftung ausführte, interessierten sie sich sehr dafür.

Die Dinge schienen sich wunderbar zu fügen, und ich war sicher, daß meine innere Stimme mich direkt zum Ziel geleitete, daß ich genau das tat, was ich tun sollte. Das sah so lange so aus, bis ein Gruppenmitglied, das erst tags darauf eintraf, mein Vorhaben ablehnte. Ich hatte jenen Menschen stets als sehr spirituell und hingebungsvoll angesehen und war daher sehr bestürzt, da die Ablehnung aus Angst und Beschränkung herzurühren schien. Wie konnte ein solcher Mensch zulassen, auf diese Ebene zu sinken und sich meinem herrlichen Plan zu widersetzen? Ich ging verletzt und ärgerlich fort und fand, jemand, der sich nicht über sein Ego hinwegsetzen konnte, *behindere* mich, auch wenn er ein spiritueller Lehrer war. Mein Groll wuchs sich zu Fieber und Halsweh aus. Ich konnte kaum mehr sprechen.

Das war nun ein ganz handfestes Problem, wollte ich doch als einer der Hauptredner an einer Konferenz teilnehmen, die zwei Tage später beginnen und eine Woche dauern sollte. Ich hatte zugesagt, einige Vorträge zu halten und Workshops zu leiten, und jetzt fiel es mir sogar schwer, einfach nur zu reden.

So kämpfte ich denn mit meiner Enttäuschung, meinem Halsweh und meiner Ansicht, von jemandes Ego behindert worden zu sein. Am ersten Konferenztag konnte ich meine Workshops kaum zu Ende führen. Ich erzählte Carlagaye Olsen, die ebenfalls Vorträge hielt und eine wunderbare, intelligente und lustige Frau ist, wie schlecht ich mich fühlte. Ich erzählte ihr von meiner Enttäuschung, wegen einer ängstlichen, beschränkten Sichtweise behindert zu werden, und noch dazu von einem Menschen, der es eigentlich besser wissen sollte.

Daraufhin erzählte sie mir einen ähnlichen Vorfall aus ihrem Leben, und wie auch sie durch den Widerstand eines anderen behindert und enttäuscht worden war. Auch er war, genau wie mein »Widersacher«, jemand, zu dem sie aufgeblickt hatte. Dann erzählte sie mir auch noch, was sie aus dieser Erfahrung gelernt hatte. Obwohl die Begebenheit sehr negativ ausgesehen hatte, als sie sich ereignete, hatte sie schließlich eingesehen, daß sie ein großer *Segen* gewesen war. Sie hatte dadurch einen Schubs in die richtige Richtung bekommen. Wäre sie auf dem Weg weitergegangen, den sie vorzog, so hätte das weiterhin eine Abhängigkeit von der Zustimmung anderer bedeutet. Damit hätte sie nicht die Freiheit gehabt, der Führung ihrer spirituellen Quelle zu folgen, da sie sich an jenen anderen Menschen um Führung gewandt hätte, um zu wissen, was sie tun sollte. Sie sagte mir:»Sogar Menschen, von denen wir meinen, sie behinderten uns, ganz egal, aus was für Gründen, können uns nur segnen.« Sie versicherte mir, daß Gott sich durch nichts behindern noch seine Pläne durchkreuzen läßt. Es gibt nichts, das nicht nach Gottes Fügung und Führung geschieht, gleichgültig, was da abzulaufen scheint.

Gott läßt sich nicht behindern

Natürlich war das wahr, und für mich war das ein Durchbruch. Mein Halsweh war kurz danach verflogen. Mein innerer Führer, immer bereit, auch scheinbar ernsten Situationen noch eine spaßige Seite abzugewinnen, wollte von mir wissen: »Stecken die Dinge immer noch in deinem Kropf fest?« Nein nein! Ich war frei. Es gab nichts derartiges wie Behinderungen, und von nirgends. Zuvor war ich der Meinung gewesen, daß Menschen, die mir helfen sollten, selbst auf Führung hören und liebevoll sein mußten. Zumindest hatte ich geglaubt, das Gegenteil sei möglich, nämlich daß ich vom Ego *behindert* werden könnte und es vermeiden oder mich dagegen wehren müßte. Das stimmte nicht. Nichts konnte Gottes Plan für mich behindern oder ihn gar ins Stocken bringen. Es war gleichgültig, aus welchen Grund die anderen etwas taten. Es war gleichgültig, ob ihre Handlungen aus Liebe oder Angst entstanden. *Der Wille Gottes geschah immer.* Er geschieht hier und jetzt, weil er die einzige wahre Kraft ist.

Allem Anschein zum Trotz stellt sich uns niemand in den Weg, wenn wir der Führung folgen. Wir brauchen nur anzunehmen, was geschieht, und darum zu bitten, daß wir den Segen darin sehen, denn er ist immer da.

Mein liebevoller spiritueller Bruder, der mir nicht beigepflichtet hatte, hatte recht gehabt. Seine Weigerung, mich in meinen Vorhaben zu unterstützen, war wahrhaft göttliche Fügung gewesen. Nicht etwa, weil mein Plan falsch oder richtig gewesen wäre. Der Grund lag viel tiefer. Es stand mir frei, meinen Plan trotzdem auszuführen, wenn ich es wollte. Was ich gewollt hatte, war eine Erlaubnis, und mehr noch, eine Bevollmächtigung. Nun hatte ich gelernt: Ich brauchte keine Vollmacht. Meine Vollmacht und meine Unterstützung stammen aus einer einzigen Quelle: Gott. Was für einen Segen mein wunderbarer »Widersacher« mir doch erteilt hatte! Wäre es mir gelungen, die Erlaubnis der Stiftung zu bekommen, so hätte ich mich um Führung an diese Menschen gewandt. Meine Aufgabe aber war, die Führung meiner inneren Stimme zu beachten, egal ob andere damit einverstanden waren oder nicht.

Es ist nicht von Belang, ob jemand – aus unserer Sicht – etwas aus Angst oder inniger Liebe tut. Beide Handlungen sind für uns immer von liebevollem Nutzen. Unser Glück entsteht dann, wenn wir bereit sind, das herrliche Geschenk zu sehen, das uns immer angeboten wird. Die Führung sagte mir also, daß ich nicht nach Europa gehen und dort leben und arbeiten, sondern hier bleiben sollte. Meine Vollmacht, Vorträge zu halten, Bücher zu schreiben, Workshops zu leiten, Golf zu spielen, Wein zu trinken oder was immer zu tun, stammt aus einer einzigen Quelle: aus Gott.

Die Warzen-und-Pickel-Theorie

Aus dieser wunderbaren Erfahrung entstand meine Warzen-und-Pickel-Theorie. Jeder will uns mit Liebe und Schönheit oder mit Warzen und Pickeln segnen. Es ist einfach, die Führung anzunehmen, wenn sie sich als Liebe und Schönheit offenbart, aber das innere *Hören* und *Annehmen* wird die Liebe und Schönheit auch dort aufdecken, wo wir nur Warzen und Pickel sehen. Damit erst verstehen und wenden wir die Idee des Annehmens wirklich an. Jeder Mensch kann uns nur Liebe schenken, aber wir können beschließen, es anders zu sehen. Wenn wir offen sind und alle Geschenke in jeder Form annehmen, so wird uns die wahre Schau zuteil, mit der wir wahrhaft sehen, was geschieht, sowohl auf der materiellen wie spirituellen Ebene.

Mit diesem Wissen ist es einfach, auf das zu vertrauen, was geschieht, und es anzunehmen. Wir wissen, daß genau das geschehen soll. Wir sind die einzigen, die über unsere Erlebnisse entscheiden können. Wir suchen uns die Gefühle aus, die wir erleben, und durch unser Denken erschaffen wir die Wirkungen, die wir sehen. Wenn wir hinhören und uns zuerst nach innen wenden, bitten wir oft darum, daß Menschen, Dinge und Ereignisse sich verändern sollten. Wir bitten um andere Erfahrungen, um solche, die in unsere Bilderwelt passen.

In dem Maße, in dem unser Vertrauen und Gewahrsein wächst, weil wir auf die innere Stimme hören, gelangen wir schließlich an jenen Ort, an dem wir alles annehmen, was ge-

schieht. Wir suchen und finden den Segen in jeder Begebenheit und in jedem Menschen. Nichts als nur Gutes widerfährt
uns, aber wir haben eine sehr beschränkte Vorstellung davon,
was gut für uns ist. Wie können wir diese beschränkte Sicht
aufgeben? Wie wenden wir die wahre Schau an, um zu sehen,
was wirklich geschieht? Das wollen wir als nächstes unter-
suchen.

4

Bitte nicht um
Dinge – bitte, daß du siehst

Hinter der äußeren Form die Wirklichkeit sehen

Meine innere Führung wies mich 1985 an, aus dem Zentrum, in dem ich gelebt und dessen Aufbau ich geleitet hatte, wegzugehen. Ich hatte von vielen Orten Einladungen bekommen, Vorträge zu halten, sowohl in Amerika wie im Ausland. Der Erlös aus dem Verkauf meines Buches, die Einkünfte aus den Workshops und meine Mieteinnahmen erlaubten mir endlich, mich ganz aus dem Werbegeschäft zurückzuziehen.

Die nächsten zwei Jahre verbrachte ich mit Reisen, Vorträgen und einer neuen Beziehung. Ich zog in die Gegend von San Francisco und vermietete mein Haus in Laguna Beach Las Brisas wurde als gemeinnützige Stiftung weitergeführt. Wir waren acht Gründer gewesen und hatten alle Darlehen aufgenommen, um das Zentrum aufzubauen. Jetzt hofften wir, daß es sich bald selber tragen und der Stiftung ganz gehören würde. Sobald das möglich war, hatten wir Gründer alle vor, den Betrag, den wir jetzt als Darlehenszinsen zahlten, der Stiftung als Beitrag zukommen zu lassen.

Es ist einfach, wenn es mit unserem Bild übereinstimmt

Viele Leute waren am Projekt Las Brisas beteiligt. Wir versuchten alles mögliche, aber das Zentrum konnte sich nicht selber tragen. An Wochenenden kamen oft viele Menschen, um irgendwo mitzuhelfen und die Möglichkeiten von Las Brisas zu nutzen. Als das Zentrum aber fertig war und Gäste nun etwas zahlen sollten, kamen viele der vorherigen Besucher nicht mehr her. Die Gründer mußten das Zentrum nun finanziell noch mehr unterstützen, und das in einer Zeit, in der es sich nach unseren Vorstellungen selbst hätte tragen sollen. Es sah so aus, als müßten wir endlos die finanzielle Verantwortung dafür tragen. Es schien keine Möglichkeit zu geben, innerhalb unserer Gründergruppe die Situation zu ändern. Langsam wurde es klar, daß wir neue Gelder und Besitzer finden mußten.

Wir alle hofften, daß das Zentrum irgendwie überleben würde, aber wir konnten offenbar keine Lösung finden, hinter der wir alle standen. Jeder Gründer hatte bis Ende 1987 ungefähr 10 000 Dollar in dieses Projekt gesteckt. Da ich mich vom Zentrum lösen wollte, trat ich aus dem Verwaltungsrat aus und bot meinen Anteil für einen Dollar jedem an, der meinen Teil der finanziellen Verpflichtungen übernehmen wollte.

Umgekehrt bot ich auch an, selbst die Verantwortung für das Zentrum zu übernehmen, wenn meine Partner mir ihre Anteile für je einen Dollar überlassen wollten. Ich hatte mir nicht ernsthaft überlegt, was das bedeuten würde. Das Angebot entstand aus einem tiefempfundenen Bedürfnis nach einer fairen Lösung und aus der Hoffnung, daß Las Brisas eine Chance als selbsttragendes Zentrum bekommen würde.

Manchmal braucht Heilung Zeit

Monate vergingen. Wir trafen uns oft zu Besprechungen, diskutierten viel, hatten hitzige Wortgefechte und wunderschöne Heilungen auf persönlicher Ebene, aber wir fanden keine Lösung. Mir war klar, daß die Entwicklung von Las Brisas ganz anders als alle anderen Projekte verlief, mit denen ich vordem zu tun gehabt hatte. Hier mußte ich Geduld und Toleranz lernen. Früher hatte ich viel Nachdruck angewandt, um das gewünschte Ergebnis zu erreichen. Jetzt hieß mich meine Führung warten, geduldig sein und zusehen.

Da begab ich mich auf eine Vortragsreise in den Mittleren Westen und den Südwesten. Mir war klar, daß ich, wenn ich wiederkam, eine neue Wohnung finden mußte, weil meine Freundin ihr Haus in San Francisco, in dem wir zusammen gelebt hatten, verkaufte. Als ich einige Monate später von meiner Vortragsreise zurückkam, hatte sich nichts geklärt, und da ich nirgends wohnen konnte, zog ich in das damals noch nicht ganz fertige und leerstehende Zentrum ein.

Ich brauche nur ein wenig zu sehen

Meine Führung leitete mich an, jedem, der das Zentrum kaufen wollte, zu helfen. Sollte ich derjenige sein, dem es gehören und der es leiten sollte, so würde es mir übergeben werden. Ich lebte also einen Monat lang im Zentrum und half allen Menschen, die herkamen, während meine Partner das Problem zu lösen suchten.

Am Ende kaufte es niemand. Meine Partner kamen einer nach dem anderen zu mir und baten mich, das Projekt zu übernehmen. Jedes Hindernis, das sich meinem Besitz des Zentrums in den Weg stellte, schmolz sogleich wieder dahin.

Am 1. Januar 1988 wurde mir das Zentrum Las Brisas mit allen seinen Möglichkeiten, Verpflichtungen und Schulden übertragen.

Ohne Netz auf dem Hochseil

Ich hatte keine Ahnung, was nun geschehen sollte. An dem Abend, an dem mir das Zentrum übertragen wurde, hörte ich: »Wenn du bereit und willens bist, wirst du jetzt ohne Netz weitergehen.« Ich wußte, was das bedeutete. Ich war bereit gewesen, der inneren Führung zu folgen, weil sich dank ihr wunderbare Dinge in meinem Leben ereigneten. Allerdings hatte ich mir in den neun ersten Jahren, in denen ich der Führung gefolgt war, immer ein Sicherheitsnetz in Form meiner Werbeagentur und meines vermieteten Grundbesitzes bewahrt. Da ich jetzt alles, was ich besaß, verkaufen mußte, um es in das Zentrum zu stecken, würde ich das Sicherheitsnetz aufgeben müssen.

Die Schau sieht das Jetzt ganz klar

Jetzt wurde meine Führung rückhaltlos auf die Probe gestellt. Ich mußte voll auf Gott vertrauen, daß ich alles, was ich brauchte, bekommen würde. Alles, was ich hatte, mußte eingesetzt werden. Es gab kein Abstützen auf etwas anderes, keine Hilfe von außen. Ich würde mich völlig auf meine Quelle verlassen müssen. Ich hatte früher schon darum gebeten, die Zukunft voraussehen und erkennen zu können, was geschehen würde. Das hatte ich gewollt, um die Dinge besser in der Hand zu haben. Jetzt sollte ich jede Kontrolle und sogar jede Hoffnung darauf aus der Hand geben. Ich sollte die innere

Schau dazu verwenden, zu erkennen, daß Gott meine Bedürfnisse von Augenblick zu Augenblick mittels verschiedener
Menschen und Dinge stillte. Die Schau sieht die Wirklichkeit
nur als Gegenwart. Es gibt keine andere Zukunft als das Jetzt.
Die Schau, die wir in dieser Welt erfahren können, ist Klarheit
über das, was geschieht. Sie ist keine andere Wirklichkeit.

Ich muß an Salomon denken

Der nächste Schritt für mich sollte der sein, die Kraft der inneren Schau zu zeigen. Als ich so über das gewaltige vor mir lie-
gende Projekt nachdachte, erinnerte ich mich an die Geschichte von Salomon, dem König Israels nach David. Bevor
er König wurde, hatte Salomon Bedenken, seine Fähigkeiten
würden nicht ausreichen. Wer war er im Vergleich zum großen
König David, der Israel geeint hatte? Konnte er denn die Aufgabe erfüllen? Er verließ sich nicht auf seine eigenen Fähigkeiten und sein Urteil, sondern wandte sich an Gott und betete
um ein verständnisvolles Herz, um über das Volk Gottes zu
urteilen und sein König zu sein.

Eines Tages sollte er darüber richten, welche von zwei
Frauen, die beide behaupteten, Mutter desselben Kindes zu
sein, nun die richtige Mutter war. Anstatt zu versuchen, das
anhand von Zeugenaussagen oder Ähnlichkeiten herauszufinden, nutzte er die Kraft der inneren Schau. Er schlug vor,
den Säugling in zwei gleiche Hälften zu teilen und beiden
Frauen eine Hälfte zu geben. Die richtige Mutter, deren Liebe
größer war als ihr Wunsch, recht zu bekommen, gab sofort
ihren Anspruch auf das Kind auf. An diesem Liebesbeweis erkannte der weise König die richtige Mutter und sprach ihr das
Kind zu.

Wie wendet man die Schau an?

Nun mußte ich mich täglich und stündlich an meine innere Quelle wenden. Wenn je jemand die Schau nötig hatte, dann war ich es. Ich hatte weder die Kraft oder das Wissen noch die nötigen Gelder, um das Zentrum längere Zeit führen zu können. Das war bereits von Anfang an klar gewesen, wurde aber mit der Zeit immer klarer. Fragen und Ängste überfluteten meinen Geist. Ich hatte keine Ahnung, was ich *jetzt* tun sollte, da ich mich völlig hingegeben hatte. Ich erinnerte mich nur an das, was ich von Anfang an gehört hatte: »Ich werde dir alles geben, was du brauchst.« Darauf konnte ich nur hoffen.

Der Weg zur Schau

Ich will euch ein kleines Beispiel erzählen. Am Anfang waren etwa 8 km der Straße nach Las Brisas in einem miserablen Zustand. Kurz nachdem ich im Zentrum eingezogen war, wurde ein Großteil davon vom Straßenbauamt neu geteert. Ein etwas über einen Kilometer langes Stück wurde aber nie geflickt, sondern verschlechterte sich noch mehr, weil das Wasserwerk einen riesigen Wasserspeicher in der Nähe davon baute. Ich hatte kein Geld, die Straße selber herrichten zu lassen, und mein Führer sagte mir, ich solle nichts tun.

Das Wasserwerk begann, in der Umgebung Wasserleitungen zu verlegen, was dazu führte, daß die Straße noch schlechter wurde. Ich schrieb verschiedentlich an das Werk und ging sogar einmal hin, um zu fragen, ob sie die Straße nicht ausbessern wollten. Schließlich meinten sie, sie würden etwas tun, sobald die Bauarbeiten abgeschlossen seien.

Fast ein Jahr verging, und langsam ging mir die Geduld aus. Viele Besucher von Las Brisas beklagten sich über die

Straße. Das Wasserwerk schien sein Versprechen vergessen zu haben, und dennoch bestand meine Führung darauf, daß ich nichts tun solle.

Das Endergebnis war, daß das Wasserwerk nicht nur die Straße bis zum Eingang des Zentrums ausbessern, sondern sie auch auf fast der ganzen Strecke teeren ließ. Das war mehr, als die Beamten versprochen hatten, und überstieg bei weitem, was ich von ihnen verlangt hätte. Ich bin sicher, daß das nicht geschehen wäre, wenn ich mich ständig bei ihnen beklagt hätte. Dabei könnt ihr euch gar nicht vorstellen, wie oft ich hingehen und Lärm schlagen wollte. Jedesmal meditierte ich aber vorher und hörte: »Hab Geduld, alles steht zum besten.« Das war eine wunderbare Lektion des Annehmens und Zulassens, daß Gott die Arbeit zur rechten Zeit in Gang setzen würde. Solche Situationen sehen so einfach aus, wenn man weiß, wie sie ausgegangen sind, und dann darauf zurückblickt, aber im Moment verlangen sie viel Mut und Vertrauen.

Die Logik zugunsten der Schau aufgeben?

Viele meinen, sie müßten nun die Logik und Vernunft aufgeben, um die Schau zu erlangen. Das glaube ich nicht. Logik und Vernunft sind ganz in Ordnung. Auch sie sind Eigenschaften des vernünftigen und logischen Gottes. Wir können die Logik und Vernunft dazu verwenden, Fakten zusammenzutragen, damit das Ergebnis stimmt. Wenn unsere Fakten stimmen, wird auch die Antwort stimmen. Wenn wir aber nicht alle Fakten beieinanderhaben oder wenn es die falschen sind, dann werden die Vernunft und Logik sie auch falsch beurteilen. Dabei müssen wir unbedingt erkennen, daß wir in unserem jetzigen Bewußtseinsstadium fast nie über alle Fakten verfügen.

Die Schau stellt sich von selbst ein

Wenn wir die Schau anwenden, verbinden wir uns mit dem einen Geist, der über alle Fakten verfügt und durch falsche Tatsachen hindurchsieht. Nach innen hören ist unser einziger Zugang zur Wahrheit. Unsere Verbindung mit der Schau bricht nie ab, aber wir können sie unbeachtet lassen. Es ist so, als bedeckten wir unsere Augen mit der Hand und schlössen dadurch die Sonne aus. Das ändert nichts an der Sonne, es ändert lediglich etwas an unserer Wahrnehmung. Die Schau stellt sich von selbst ein, wenn wir unsere Beurteilungen fallenlassen. Das heißt: Wir sehen die Sonne, wenn wir die Hand von unseren Augen nehmen. Spirituell gesehen sind wir die einzigen, die unsere Hände von den Augen nehmen können. Gott zwingt uns nicht, zu sehen. Damit würde Er unseren freien Willen mißachten, der eine Seiner außergewöhnlichen Gaben ist. *Annehmen* hilft uns, nicht zu urteilen, und schafft einen Zustand, in dem die Schau sich ohne Mühe unsererseits einstellen kann. Es passiert ganz einfach, wenn wir die Hände von den Augen nehmen.

Vertrauen und Schauen gehen Hand in Hand

Wenn wir die Schau nicht haben, meinen wir oft, wir hätten Vertrauen nötig. Das stimmt auch nicht. Vertrauen und Schauen gehen Hand in Hand und sind aus dem gleichen Stoff gemacht. Als ich nach Las Brisas zog, war mir sehr wohl bewußt, daß ich in der damaligen Situation steckenbleiben könnte. Andererseits hatte ich überhaupt keine Lust, zuzusehen, wie unser Projekt aufgegeben wurde. Mein Urteilsvermögen sah die vielen Probleme, die ich haben würde, und auch die Schwierigkeiten, das Zentrum finanziell über

Wasser zu halten. Da es mir da, wo ich war, relativ gutging, konnte ich keinen großen Nutzen darin sehen, mich in eine so mißliche Situation zu begeben. Ich glaubte, ich müsse mein logisches Urteilsvermögen ausschalten und entgegen meinem besseren Wissen einen »Sprung ins Vertrauen« machen.

Aber auch das stimmte nicht. Es war nicht so, daß ich es besser wußte, sondern ich hatte einfach nicht alle Fakten zur Verfügung. Ich sah die vielen Gaben und den großen Segen nicht, die sich daraus ergeben würden, ohne felsenfesten Anhaltspunkt einfach vorwärtszugehen, wie es mich meine Führung tun hieß. Es war kein Sprung ins Vertrauen, es war die Bereitschaft, jeden Schritt so zu tun, wie er sich ergab, ungeachtet meiner eigenen logischen Beurteilung der Dinge.

Im Zentrum habe ich die größten Herausforderungen meines Lebens erlebt. Als ich dort lebte, gab ich endlich auch meinen lebenslangen Kampf um Beziehungen, die auf Abhängigkeit beruhen, auf. Und dann gab ich noch das Bedürfnis auf, ein Retter, zwanghafter Helfer und ein lieber Mensch zu sein, was alles zum gleichen Heilungsprozeß gehörte.

Ich suche keine Beziehung mehr

Wenn ich das Zentrum übernehmen wollte, mußte ich unter anderem auch meine derzeitige Beziehung auflösen. Meine Freundin hatte mir eindeutig erklärt, sie wolle dort nicht wohnen. Ich würde wieder allein sein, und das machte mir Angst. Aber es war nötig und für mein Wachstum wichtig, daß ich bereit war, eine Weile allein weiterzugehen. Es sah so aus, als würde ich lange allein sein, aber es kam anders. Es dauerte nicht einmal ein halbes Jahr, bis ich Vikki, meine jetzige Frau, traf. Sie ist der beste Freund, den man sich nur wünschen kann, und darüber hinaus bin ich in ihr mit einer wunderbaren Partnerin, Liebhaberin und Spielkameradin gesegnet.

Unser Anteil bei der Führung

Wir sind keine Schachfiguren in irgendeinem großen Plan. Wir sind dessen lebensnotwendige Partner. Um unseren Teil tun zu können, müssen wir ehrlich einsehen, daß wir die meisten Situationen nicht verstehen. Wir müssen uns dessen bewußt sein, daß unsere Angst und beschränkte Sichtweise nur zu einer ungenügenden Beurteilung der Dinge führen. Unser Anteil ist die Bereitschaft, über diese Ängste und die durch sie verfälschten Lösungen hinauszugehen, uns geistig zu öffnen und die Schau anzunehmen. Ich erlebe diese Schau nicht als Lösung eines Problems, sondern eher so, daß ich die Dinge aus einer anderen Sicht sehe. Es fühlt sich an, als sehe ich mit anderen Augen, so daß, was eben noch ein Problem zu sein schien, keines mehr ist. Als ich das Zentrum leitete, machte ich nie die Erfahrungen, die ich befürchtet hatte. Alles, was ich brauchte, kam irgendwie zu mir, sei es eine Adresse für Dachziegel, eine funktionierende Telefonanlage, eine Versicherung, eine verläßliche Stromversorgung oder die ideale Partnerin. Die richtigen Leute tauchten immer auf, als sie gebraucht wurden, und als sie gingen, traten andere an ihre Stelle. Wir hatten immer genug Geld, um unsere Rechnungen zu bezahlen. Gerade genug, ohne Überschuß. War in einem Monat viel los gewesen, so hatten wir viele Rechnungen. War es ein flauer Monat gewesen, waren wenig Rechnungen zu bezahlen. Ich mußte mich nur dann abmühen, wenn ich mir Sorgen darüber machte, wie alles klappen würde, nicht hinhörte und versuchte, die Dinge selbst in die Hand zu nehmen. Aber dann vergeudete ich nur meine Zeit und machte mir unnötig Angst.

Schritt für Schritt

Wenn mir Menschen sagen, sie hätten Schwierigkeiten, auf ihre innere Führung zu hören, frage ich sie oft, ob sie denn wissen, was sie als *Nächstes* tun sollten. Nicht, wie sie das anstehende Problem lösen, sondern ganz einfach, was sich jetzt gerade als Nächstes richtig anfühlt. Wenn sie zögern, helfe ich nach: »Weißt du irgend etwas, was du gleich jetzt dafür tun könntest?« Meistens sagen sie dann: »Ja, das weiß ich.« Das ist alles, was wir wissen müssen: den nächsten Schritt. Was wir aber wissen wollen ist: »Wie wird das alles ausgehen?« Wir wollen mehr als nur den nächsten Schritt kennen, weil wir die Dinge wieder in die Hand bekommen wollen. Du hast die Dinge nicht in der Hand, wenn du nur einen Schritt nach dem anderen gehst. Dieses schrittweise Vorgehen ist ganz wesentlich, damit die innere Führung für dich deutlich wird.

Gib uns heute unser tägliches Brot

Wir suchen Gott, als könnte der Allmächtige, Alliebende und Allwissende uns oder als könnten wir Ihn verlieren. Wir fragen: »Was ist Gottes Wille für uns?« Glauben wir denn wirklich, daß Gott es uns nicht ständig zeigt? Ist Er unfähig, Seine Liebe Seiner Schöpfung mitzuteilen? Die meisten unserer Bittgebete stammen aus einem Mangel an Vertrauen und dem Wunsch, die Dinge anders zu haben. Das sind nicht eigentlich Gebete, sondern Klagen. Sie drücken unsere Ängste aus. Sie sind Bitten um Vorräte von irgendwelchen Dingen, damit wir uns nicht sorgen müssen, sie könnten zu Ende gehen. Solche Bittgesuche können sogar den Wunsch nach einem Vorrat an Liebe, an Gesellschaft, an Gesundheit oder Verständnis enthalten.

Als ich einmal das Bedürfnis nach Vorräten empfand, fragte mich meine innere Stimme, weshalb ich denn so viel davon haben wollte. Sie sagte: »Wenn du den reichsten Vater auf der Welt hättest und er dir alles geben würde, bevor du ihn nur darum bittest, wenn er alle deine Rechnungen in dem Moment begleichen würde, in dem du sie bekommst, würdest du dann viel Geld und viele Kreditkarten mit dir herumtragen wollen?« Ich mußte zugeben, daß das unnötig wäre. Alles, was wir brauchen, wird uns von Tag zu Tag gegeben. Das ist unser tägliches Brot. Das Vaterunser ist keine Bitte darum, bis an unser Lebensende oder ein Jahr, einen Monat oder eine Woche lang ernährt zu werden, sondern um unser *tägliches* Brot. Das tägliche Brot heißt *jetzt* leben und der Führung Schritt für Schritt folgen. Es bedeutet, daß du heute tust, wozu deine Führung dich anleitet und wofür du die Energie und das nötige Rüstzeug hast. Energie und das nötige Rüstzeug gehören mit zur inneren Führung.

Geht es um eine Technik der geistigen Kontrolle?

Die Schau, die man durch Annehmen erlangt, unterscheidet sich sehr von Affirmationen, positivem Denken, Visualisieren oder anderen Formen der geistigen Kontrolle. Diese Methoden sind alle wirksam, weil der menschliche Geist sehr mächtig ist, und zwar nicht aus sich selbst, sondern weil wir an ihn glauben. Glaube an die innere Schau ist Glaube an die Wahrheit. Positives Denken und andere Methoden der geistigen Kontrolle gehen nicht über den Geist des Denkenden hinaus. Dieser menschliche Geist wird stets beschränkt sein, weil er nicht der Geist Gottes ist, der unser wirklicher Geist ist. Positives Denken scheint besser zu sein als negatives Denken, weil es das herbeiführt, was wir positive Folgen nennen. Positive Folgen passen zu unserem Bild der Wirklichkeit, und deshalb mögen wir sie, aber das macht sie noch lange nicht wirklich.

Die Grenzen des positiven Denkens

Affirmationen, positives Denken, Visualisieren, neurolinguistisches Programmieren (NLP), Feuerlaufen und andere Techniken der Geisteskontrolle sind dazu da, uns Dinge zu verschaffen, und bezeugen die Macht unseres Glaubens, unsere Erlebnisse zu verändern. Sie haben Geschehnisse zur Folge, die eher dem entsprechen, was unserer Meinung nach geschehen sollte. Wir sehen also, daß sie alle mit unserer Fähigkeit zusammenhängen, unseren menschlichen Geist zur Kontrolle einzusetzen. Sie führen uns aber nicht über unser beschränktes menschliches Denken hinaus. Sie sind keine schlechten Methoden, sondern einfach *beschränkte* Methoden.

Die Schau ist der Schritt über den menschlichen Geist hinaus. Sie ist eine unbeschränkte Sicht der materiellen Welt durch spirituelle Augen. Alles, was wir mit unserem menschlichen Geist schaffen wollen, ist begrenzt, weil die Quelle begrenzt ist. Die »Schöpfungen« des Menschengeistes sind alle auf der materiellen Ebene angesiedelt und enttäuschen uns am Ende. Da wir aber in Wirklichkeit unbegrenzte Wesen sind, wird uns nichts Begrenztes je zufriedenstellen.

Annehmen zeigt sich im Tun

In was setzen wir jeden Tag unseren Glauben? Die Antwort darauf zeigt uns, an was wir wirklich glauben. Möglicherweise sehnen wir uns nach der Schau und verkünden unseren Glauben an Gott, wenn wir aber weiterhin komplizierte Pläne zu unserem Schutz schmieden und glauben, daß wir verletzlich sind, was glauben wir dann wirklich? Wenn wir uns gegen andere verteidigen, dabei aber Liebe und Vergebung ersehnen, was glauben wir dann? Glauben wir an Gott oder an unsere Versicherungspolice? Glauben wir an Gott oder an unsere eigene Weisheit und Kraft? An wen oder was wenden wir uns in Zeiten der Not? Wenn irgendeine Angst unsere Entscheidungen beeinflußt, einschließlich der Angst, wir könnten Mangel leiden, dann setzen wir unseren Glauben nicht in Gott.

Jeder Plan, den wir machen, und alle unsere Vorstellungen behindern unsere Erfahrung der Wirklichkeit, weil sie sich auf den Glauben an unsere menschlichen Fähigkeiten stützen. Glaube und Vertrauen in andere Kräfte als Gott sind nicht schlecht. Nur führen sie nicht zu den erwünschten Ergebnissen. Wenn wir Pläne machen müssen, um unsere Angst in Schach zu halten, so sollten wir diese nur als vorübergehende Maßnahmen ansehen, die wir so lange brauchen, bis wir unser Vertrauen in etwas Vernünftigeres gesetzt haben. Mit Plänen schränken wir uns immer ein. Wir sollten sie niemals zu Göttern machen, sondern bereit sein, sie zu ändern oder loszulassen.

Die grünen Ungeheuer

Vor einigen Jahren hielt ich Vorträge in Amsterdam. Am Ende des ersten Tages schlug ich vor, die Teilnehmer sollten an jenem Abend ihre Träume der inneren Führung übergeben. Am nächsten Tag konnte eine Frau neben mir, die am ersten Tag kein Wort gesagt hatte, es gar nicht erwarten, ihre Geschichte zu erzählen: Sie war Geistheilerin; über zwei Monate lang hatte eine schreckliche Vision sie geplagt. Jedesmal, wenn sie aus den Augenwinkeln schaute, sah sie ein häßliches grünes Wesen. Es war nicht nur wie ein Schreckgespenst, sondern wurde noch dazu jeden Tag größer.

Sie hatte sich nicht getraut, jemandem davon zu erzählen, weil sie fürchtete, man würde sie für eine schlechte Heilerin halten. Sie hatte alles versucht, um das grüne Ding loszuwerden, und nichts hatte geholfen. Letzte Nacht, erzählte sie dann, war das Ungeheuer ihr in einem Traum erschienen und hatte sich direkt vor sie hingestellt. Es war so groß, daß sie es ansehen mußte. Da zogen seine wunderschönen blauen Augen sie plötzlich unwiderstehlich an. Anstatt wegzusehen, beschloß sie, mit ihm zu reden, und fragte, wie es heiße. Das Ungeheuer antwortete: »Eifersucht.«

Sie wollte wissen, warum es ihr überallhin folge. Daraufhin sagte das Ungeheuer: »Ich muß dir etwas sagen.« Die Heilerin entgegnete, sie wolle gerne zuhören, und das Ungeheuer fing an, über ihre Beziehung zu ihrem Ex-Mann zu sprechen. Sie erzählte, sie habe während des Gespräches viel erfahren und viele verborgene Gefühle seien an die Oberfläche gekommen. Als sie am Morgen aufwachte, fühlte sie sich durch diese Traumbegegnung sehr erleichtert. Wenn sie die Augen nach rechts drehte, sah sie das grüne Ungeheuer immer noch, aber es war viel kleiner geworden. Sie erzählte uns auch, wie dankbar sie für seine Hilfe war und daß sie wußte, es würde nun bald verschwinden.

Wir alle freuten uns sehr über ihr Erlebnis und ihre Bereitschaft, mit ihrem Ungeheuer zu reden. Ich glaube, wir alle haben solche grünen Ungeheuer, die uns in Schrecken versetzen. Ich weiß, daß sie da sind, um uns zu segnen, wenn wir sie uns nur ansehen und hören wollen, was sie uns zu sagen haben.

Können wir Vollkommenheit annehmen?

Die Schau sieht alles, auch uns, als vollkommen an. Wenn wir annehmen, daß wir vollkommen sind, und die Dinge aus dieser Perspektive sehen, dann sehen wir auch alles, was uns begegnet, als vollkommen an. Weil wir vollkommen sind, müssen wir nicht daran arbeiten, vollkommen zu werden. Zur Zeit geht es uns so wie jemandem, der 1,80 m groß ist, aber meint, er sei bloß 1,50 m groß. Immer wieder stößt er sich den Kopf, und es will ihm nicht gelingen, Kleider in seiner Größe zu finden. Deshalb betet er darum, daß er sich den Kopf nicht mehr stoßen und zu den richtigen Kleidern geführt werden möge. Die Antwort, die er auf sein Gebet hin hört, ist diese: »Du bist größer als du denkst. Wenn du die Vorstellung, du seist 1,50 m groß, einfach fallenläßt, werden deine Probleme verschwinden.«

Wir können nicht ändern, was wirklich ist, und wir können auch nicht ändern, was wir wirklich sind. Eine Änderung würde bedeuten, daß Gottes Schöpfung nicht vollkommen wäre. Wir sollten unsere Vollkommenheit in die Hände Dessen legen, Der uns erschaffen hat, und zulassen, daß Er uns unser Bewußtsein unserer Vollkommenheit zurückgibt. Es ist nicht unsere Sache, über Seine Anstrengungen, uns zu führen, zu urteilen, nur weil wir die Form nicht mögen, in der sich diese Führung zeigt. Wenn wir glauben, wir könnten lernen, uns bessern und schließlich erkennen, wie die Vollkommenheit aussehen muß, so ist das nur ein Mittel, um das Bewußtsein unserer Vollkommenheit zu vermeiden. Wir verstehen die Vollkommenheit nicht!

Wenn du danach strebst, dein vollkommenes spirituelles Selbst zu verbessern, so ist das genau dasselbe, wie zu meinen, du seist 1,50 m groß, und dich anzustrengen, 1,80 m groß zu werden. Das funktioniert einfach nicht. Du bist schon 1,80 m groß, und deine ganze Mühe ist umsonst. Du kannst nicht etwas werden, was du schon bist. Wir müssen unsere Vorstellungen der Kleinheit fallenlassen und bereit sein, alle Umstände anzunehmen, ob sie nun nach unserer Meinung angenehm sind oder nicht. Erst dann schaffen wir die Bedingungen, unter denen die Schau uns erlaubt, klar zu sehen. Dir ständig den Kopf zu stoßen ist ein Zeichen dafür, daß du größer bist, als du denkst. Wenn du die Beulen annimmst und um Klarheit bittest, dann kannst du deine vollkommene Wirklichkeit erkennen. Die Vollkommenheit ist nicht ein Maßstab, mit dem alle Dinge gemessen und beurteilt werden. Es ist unmöglich, die Wirklichkeit zu beurteilen, da es keinen Maßstab außerhalb von ihr gibt, den man für die Messung benutzen könnte.

Ehrlichkeit ist unentbehrlich

Was wir am meisten brauchen, ist Ehrlichkeit in bezug auf unsere Gefühle. Es ist ganz wichtig, daß wir bereit sind, unseren Gefühlen Ausdruck zu verleihen und zu sagen, was wir wirklich denken und wollen. Viel zu viele Menschen meinen, es sei verkehrt, wütend, aufgebracht, bedürftig oder sorgenvoll zu sein. Ehrlichkeit heißt, bereit zu sein, unsere Ungeheuer anzusehen und mit ihnen zu reden. Unser innerer Führer kann nur die Illusionen zerstreuen, die wir bereit sind, ans Licht zu bringen, anstatt sie zu verstecken. Gewöhnlich sind sie in unseren Augen kein schöner Anblick. Der Wunsch, unsere »unliebsamen« Teile zu verstecken, läßt sich schwer vermeiden. Wir alle sehnen uns nach Bestätigung und haben große Angst, sie zu verlieren. Ich kann euch aber sagen, daß jedesmal, als ich bereit war, offen und verletzlich zu sein und mich meinen Ungeheuern zu stellen, eine Heilung stattgefunden hat. Ich hatte in dieser Offenheit Angst vor Ablehnung, fand aber nur Verständnis und Liebe ringsum.

Kinder können uns den Weg zeigen

Wir können viel von Kindern lernen. In ihrer Offenheit und Bereitschaft, genau das auszudrücken, was sie gerade fühlen, rufen sie Liebe und Freundschaft allenthalben hervor. Bei Freunden können wir offen und verletzlich sein. Deshalb lieben wir sie und sie uns. Das können wir aber auf alle ausdehnen und alle zu unseren Freunden machen.

Wie würde das aussehen? Daß du jedem, der dich ärgert, sagst, du hassest ihn? Daß du die andern langweilst, weil du jeden Gedanken aussprichst, der dir gerade in den Sinn kommt? Sicher nicht! Es geht nur darum, deine Gefühle ehrlich auszudrücken, auf deine Ungeheuer zu hören und die Verantwortung für deine Wahrnehmungen zu übernehmen, genauso, wie sie sind. Ich denke, es ist mit meinem jetzigen Bewußtsein ganz in Ordnung, daß ich noch nicht alle liebe. Ich bin ganz sicher, daß nichts Gutes daraus entsteht, so etwas vorzutäuschen. Von mir wird nur verlangt, alle so zu achten und *anzunehmen*, wie sie sind.

Ehrlichkeit ist nicht Tadel

Ehrlichkeit heißt nicht, daß man anderen ihre Fehler unter die Nase reibt und dabei möchte, daß sie sich ändern. Ehrlichkeit heißt, die Verantwortung für deine Gefühle zu übernehmen, die sich aus ihrer Handlungsweise ergeben. Das ist ein großer Unterschied. Im ersten Fall versucht man, dem anderen die Schuld zuzuschieben. Eine solche Sichtweise besagt, daß du glücklich wärest, wenn die andern sich nur ändern würden. Bei der anderen Haltung übernimmst du die Verantwortung für deine Gedanken und was du daraufhin empfindest. Du versuchst nicht, dem anderen den schwarzen Peter zuzuschieben, sondern nimmst das Ungeheuer in dir zur Kenntnis und versuchst, mit ihm zu reden.

Ich glaube, daß jeder sein Bestes tut. Eine der hauptsächlichen Ursachen der falschen Wahrnehmung ist tatsächlich der Gedanke, andere sollten das tun, was wir für richtig halten. Es braucht Mut und Ehrlichkeit, diese Art der Wahrnehmung aufzugeben und einfach das anzunehmen, was da ist. Schauen wir uns doch näher an, wie die Wahrnehmung funktioniert und uns segnen kann.

5
Willen und Verantwortung richtig einsetzen

Unser Anteil bei der inneren Führung

Solange wir glauben, daß etwas anderes als unsere Gedanken die Ursache für unsere Probleme ist, suchen wir die Lösungen außerhalb von uns. Wenn wir glauben, daß die Probleme von anderswoher kommen, vergeuden wir Zeit damit, die Probleme auf ebender Ebene zu analysieren und Lösungen dort zu suchen, wo das Problem auftritt, anstatt unsere eigenen Gedanken anzuschauen, wo sowohl die Ursache wie die Lösung liegen. Weil wir nicht merken, daß unsere vielgeliebten Überzeugungen und falschen Annahmen die Ursache für unsere Probleme sind, bleibt die einzige Ursache unerkannt. Solange wir nicht in unserem eigenen Geist danach suchen, finden wir keine Lösungen auf unsere Probleme.

Überzeugungen bestimmen die Erfahrung

Wir müssen diese Wahrheit verstehen und akzeptieren, wenn die innere Führung sinnvoll sein soll. Wir müssen uns alle Aspekte dieses Gesetzes ansehen, weil es allem zugrunde liegt, was sich in unserem Leben abspielt, und weil wir das sonst nicht klar erkennen können. Es ist sogar möglich, daß wir intellektuell akzeptieren, daß es wahr ist. Aber wenn wir dann in eine schwierige Situation geraten, können wir nur schwer akzeptieren, daß unsere Überzeugungen zum jetzigen Problem geführt haben. Es scheint offensichtlich zu sein, daß andere unsere Probleme verursacht haben.

Es ist auch wichtig, sich darüber klarzuwerden, daß eine Situation oder ein Mensch sich vermutlich *nicht* ändern werden, auch wenn wir sie annehmen. Ich habe die Erfahrung gemacht, daß sich gewöhnlich außer in meiner Sichtweise der Dinge nichts verändert hat. Veränderungen bei anderen oder der Begebenheit sind kein Maßstab für Erfolg. Was sich verändert, ist, wie ich den anderen, die Situation oder die Begebenheit erfahre.

Es steht dir immer frei, wie du ein Ereignis erfährst.
Du kannst dich immer anders besinnen
und Frieden und die Wirklichkeit erfahren.

Wir fangen damit an, daß wir einsehen, daß das, was uns zustößt, das Resultat unserer eigenen Überzeugungen ist. Sicher ist es schwierig, das zu akzeptieren. Wenn wir uns anders entscheiden, dann sehen wir, daß sich unsere Erfahrung jedesmal ändert. Wenn wir das aber nicht tun – nämlich akzeptieren, daß unsere Gedanken unsere eigenen Probleme verursacht haben –, dann bleiben wir stecken. Solange wir nicht in uns gehen, sind wir immer die Opfer, so sehr wir auch versuchen, uns zu befreien oder zu verteidigen. Nur wir können uns selbst befreien. Wir werden gleich über drei Schritte reden, die wir zu dieser Befreiung tun können. Zuerst wollen wir uns aber einmal ansehen, wie wir uns selber hinters Licht führen.

Projizieren macht blind

Wie stellen wir es an, uns vorzumachen, daß wir unsere Probleme nicht selbst verursachen? Das tun wir, indem wir jemand oder etwas anderem den Grund dafür in die Schuhe schieben oder es projizieren. Dann sagen wir etwa: »Ich wäre schon glücklich, wenn mir nur das _____
_____ (*ergänze den Satz für dich*) nicht zustoßen würde.« Und wie merken wir, daß wir projizieren? Ganz einfach dadurch, daß wir die *Signale* für die Projektion kennenlernen. Diese Zeichen können immer hilfreich sein, und wir müssen sie erkennen, auch wenn das nicht gerade angenehm ist. Wir können unsere Überzeugungen nicht ändern, wenn wir die Anzeichen der Projektion und die Verstimmungen nicht zur Kenntnis nehmen, wenn sie da sind.

Die Signale

Jedesmal, wenn wir uns unter Druck, geistig erschöpft, bekümmert, wütend, ängstlich, blockiert, verärgert fühlen oder den Wunsch haben, Abstand von jemandem oder etwas zu nehmen, ist das ein Signal. Kurz, immer wenn du nicht glücklich bist, wird dir ein Signal gegeben. Diese herrlichen Signale lassen sich nicht lange übersehen oder verstecken. Wenn du ihnen aus dem Weg gehen willst, werden sie einfach lauter. Ist das nicht toll?

Es nützt nichts, die Ursache für das Signal auf jemand anderen abzuschieben. Genau das tun wir aber, wenn wir projizieren. Wir sagen dann: »Diese Wut ist nicht *mein* Signal; du hast sie verursacht. Sie gilt dir.« Wir ärgern uns über die projizierte Ursache, nämlich den anderen, und hoffen, daß wir uns danach besser fühlen. Allerdings ist es so, daß das Signal,

die Verstimmung, sich nicht auflöst, wie sehr wir uns auch be-
mühen, sie durch Projektion loszuwerden. Wir sind immer
noch verärgert, trotz unserer Überzeugung, daß jemand anderes dafür verantwortlich ist. Würden wir uns denn nicht
besser fühlen, wenn die Projektion der richtige Weg wäre?
Halte dich also nicht selbst zum Narren. Höre auf die Botschaft des Signals, finde heraus, was es dir sagen will, und
auch, welche verkehrte Überzeugung es verursacht hat.

Den Hörer abnehmen

Wenn wir unglücklich, verstimmt oder ärgerlich sind, ruft uns
unsere spirituelle Quelle an. Wir sollten das nie überhören,
wie es sich auch anfühlen mag. Wir müssen den Hörer auf diese spirituellen Anrufe hin abnehmen, weil das Telefon sonst so
lange weiterklingelt, bis wir es tun. Es gibt keine Möglichkeit,
unser spirituelles Telefon abzustellen. Wenn wir den Hörer
endlich abnehmen, bekommen wir eine wirkliche Hilfestel-
lung.

Wie sollen wir antworten? Indem wir uns den Grund für
unser Signal anschauen und auch die Vorstellungen, die wir
über die strittige Situation haben. Egal, ob es sich nur um eine
leichte oder eine heftige Verstimmung oder irgend etwas da-
zwischen handelt: Die Ursache unserer Verstimmung ist immer etwas, was wir in bezug auf uns selber glauben, was aber
nicht wahr ist. Vielleicht sollte man lieber sagen: Es ist immer
etwas, womit wir uns eine Begrenzung auferlegen, die unwirklich ist.

Die Ursache meiner Beziehungsprobleme war genau solch
ein einschränkender Gedanke über mich selbst gewesen. Die
immer wiederkehrende Schwierigkeit war, daß ich jeweils jemanden traf, der mich eine Weile sehr glücklich machte, die

Beziehung aber mit der Zeit immer so schwierig wurde, daß ich sie nicht fortsetzen konnte. Ich hatte viele unglückliche Beziehungen, trotz meines fast zwanghaften Wunsches, die wahre Liebe zu finden.

Der Kampf um die wahre Liebe

Wie gesagt, hatte ich eine Begleiterin mit nach Europa genommen. Zum x-ten Mal hoffte ich, daß sie die Frau meiner Träume wäre. Nach einem Monat, in dessen Verlauf sie immer unzufriedener wurde, beschloß sie, in die Staaten zurückzukehren. Ich vertraute meiner inneren Führung und hatte das Gefühl, sie gehe nur weg, weil die »richtige« Frau unterwegs zu mir war. Nach einem weiteren Monat des Wartens hatte sich nichts getan. Ich hatte meinem inneren Führer geholfen, so gut ich konnte, aber ich war noch immer allein.

Da hatte ich einmal in Frankreich auf einer kleinen Insel in ganz romantischer Umgebung zwischen Fischerdörfern und Weinbergen mein Zelt aufgeschlagen. »Wie schade, daß dieses schöne Abenteuer umsonst ist«, dachte ich. Ich fragte mich wirklich, weshalb mein Führer sich nicht auf die Socken machte und mir jemanden schickte, mit der ich das alles teilen konnte.

An jenem Abend trank ich ein Glas Wein und schaute zu, wie die Sonne unterging. Mein Führer schwieg. Kein Wort, kein Gedanke über meine ideale Partnerin tauchten in mir auf, obwohl ich ständig nach ihr fragte. In meinen Gedanken war nur Einsamkeit. Da fingen einige kleine Vögel an, mich zu stören, weil sie ganz nahe um meinen Kopf und an meinem Gesicht vorbeiflogen. Ein paarmal kamen sie so nahe, daß ich mich ducken mußte, um nicht von ihnen getroffen zu werden. Da dachte ich: »Was tun diese verrückten Vögel nur?« Zum ersten Mal an diesem Abend meldete sich mein Führer: »Sie machen Liebesspiele mit dir.« Das kam mir nun anfangs schon etwas lächerlich vor. Immerhin war ich bereit, mal zu sehen, was daran war.

Als ich so darüber nachdachte, schien mir, als sei das sogar möglich. Auch wenn ich meine ideale Partnerin noch nicht gefunden hatte, hatte ich doch einige außergewöhnliche Erlebnisse gehabt. Jetzt sah ich ihre Flugpossen mit anderen Augen an.

Als ich so dasaß und mir gestattete, diese Liebe und Nähe zu fühlen, geschah etwas völlig Ungewöhnliches. Die Bäume und Büsche um mich herum fingen auch an, Liebe zu mir auszustrahlen. Man kann es fast nicht erklären. Es war, als kreisten farbige Lichtwellen oder ein farbiges Schimmern aus Licht um mich. Es sah ganz ähnlich aus wie die flimmernden Hitzewellen, die man an sehr heißen Tagen über Autobahnen oder ebenen Landschaften am Horizont sieht.

Das hier war aber keine Vision, sondern ein wirkliches Erlebnis; es war ein warmes, tröstliches Gefühl der Liebe und Verbindung mit allem rings um mich her. Es war recht überwältigend, hatte ich mich doch erst Augenblicke zuvor noch ganz allein und verlassen gefühlt. Ich konnte deutlich erkennen, daß alles aus Liebe bestand. Die Liebe war das Wesen und die Natur aller Dinge. Sie war der Grundbaustein der Schöpfung, als sähe man Atome und wüßte, daß sie Liebe sind. Ich fühlte mich mit allem verbunden.

Ich weiß noch, wie töricht ich mir mit meiner Suche nach der Liebe vorkam. Ich hatte in einer Welt, die nur aus Liebe bestand, keine Liebe finden können. Es war etwa so, als sei ich als verhungernder Höhlenmensch plötzlich in einem Supermarkt gelandet und habe nichts Eßbares finden können, weil mir all die Verpackungen fremd waren. Auch ich hatte mich durch die Behältnisse der Liebe ringsum zum Narren halten lassen und nicht vermocht, die Nahrung darin zu erkennen.

Wenn die Liebe mir anders als in der Verpackung begegnete, die ich mir vorgestellt hatte – so und so groß, ungefähr so schwer und in der und der Aufmachung –, dann hatte ich sie einfach abgelehnt.

Daraufhin sah ich mich als einsamen König in einem schwerbewachten Schloß zuoberst auf einem Berg. Jedesmal, wenn ich vom Geschenk eines Besuchers enttäuscht gewesen war, hatte ich das riesige hölzerne Tor vor dem Schloß noch etwas mehr zugezogen. So viele Besucher waren schon gekommen, daß das Tor jetzt fest verschlossen war. Niemand konnte mehr herein. Ich war drin eingeschlossen, spähte durch die Ritzen und fragte mich, ob ich wohl je wieder Besuch bekommen würde. Es war mir klar, daß ich in dieser Festung verhungern mußte.

Da faßte ich den Entschluß, die Tore weit zu öffnen und jeden hereinzulassen. Nichts würde mehr ausgeschlossen bleiben, egal welcher Art, Größe, welchen Geschlechts oder Gewichts, welcher Form oder wie anziehend oder nicht es war. Ich begriff, daß mein Schloß so verschlossen gewesen war, daß nur ein winziges Vögelein hatte hereinschlüpfen können. O wie ich diese wunderbaren, tapferen Vöglein liebte! Ich beschloß, die Liebe jedes Menschen und aller Dinge in der Welt ausnahmslos anzunehmen. Am nächsten Tag konnte ich es kaum erwarten, auszugehen und die vielen Formen der Liebe kennenzulernen. An jenem Tag veränderte sich mein Leben. Jeder schien mir helfen und mich kennenlernen zu wollen. Die Welt glänzte und strahlte nur so. Aber nein, ich traf die Frau meiner Träume nicht sofort. Das sollte erst fast sieben Jahre später geschehen. Und bevor das geschehen konnte, mußte ich mich noch dazu durchringen, daß es möglicherweise eine solche Traumfrau gar nicht gab und daß ich auch allein glücklich sein konnte. Ich mußte mich noch dafür entscheiden, daß meine Beziehung zu Gott an erster Stelle stand. Aber das ist eine andere Geschichte.

Die Woche danach tauchten plötzlich lauter liebenswürdige Leute in meinem Leben auf, das zuvor doch recht einsam gewesen war. Es war sogar so »bevölkert«, daß ich meinen inneren Führer um ein paar Tage Ruhe bitten mußte, an denen ich allein sein konnte. So liebevolle Verbindungen waren zwar großartig, aber einfach zu viel für jemanden, der es gewohnt gewesen war, in einer Festung eingesperrt zu leben. Ich hatte noch nicht gelernt, »nein« zu sagen und Rücksicht auf meine eigenen Gefühle und Wünsche zu nehmen.

Ich bat meinen inneren Führer auch um Körperkontakt. Ich wollte Sex und weibliche Gesellschaft, aber ich war bereit, mich auch nur mit einer Umarmung zufriedenzugeben, wenn sich das machen ließ. Ich war ziemlich sicher, daß ich noch nicht bereit für eine Freundin war, aber ich brauchte auch mehr als nur oberflächliche Gespräche.

Ein paar Tage später war ich gerade dabei, mein Zelt auf einem Zeltplatz an einem wunderschönen Flüßchen mitten in Frankreich aufzustellen. Als ich die Zeltpflöcke in den Boden schlug, merkte ich, wie etwas auf mich zugelaufen kam. Als ich aufschaute, sah ich ein kleines schwarzes Tier. »Was für ein komischer Hund«, dachte ich bei mir. Als ich nochmals aufschaute, war das Tier näher gekommen, und diesmal kam es mir wie eine langbeinige und ziemlich große Katze vor. Bevor ich mich versah, kam es direkt auf mich zu, hielt sich an meinem Hosenbein fest und begann daran hoch und in meine Arme zu klettern. Es war ein Affenmädchen, und ihre Umarmungen kamen direkt aus dem Himmel!

Die nächsten drei Tage riß sie immer wieder ihren kleinen Pflock, an dem sie angebunden war, mit ihrem Halsband aus und kam angelaufen, um mich zu umarmen. Unsere Liebesbeziehung ging trotz der betretenen Entschuldigungen ihres Besitzers über ihr Verhalten weiter. Der einsam Herumreisende, der ich war, wird sich noch lange und gerne an diese Umarmungen der winzigen Ärmchen erinnern.

Das ist aber noch nicht das Ende der Geschichte. Ungefähr eine Woche später kam meine Tochter Elese mich besuchen. Danach reisten wir einen Monat lang miteinander herum und lernten einander wieder näher kennen. Nach meiner ersten Scheidung hatte ihre Mutter sie großgezogen, während unser Sohn nach einiger Zeit zu mir gekommen war. Seit sie klein war, hatten wir kaum je eine längere Zeit miteinander verbracht, was vorwiegend auf die Scheidung zurückzuführen war, aber auch darauf, daß sie später in Europa lebte. In jenem Monat hatten wir Gelegenheit, ausgiebig über alle Verletzungen zu sprechen, die die Scheidung verursacht hatte. Da auch sie eben erst geschieden worden war, war diese Erfahrung für uns beide sehr heilsam, und sie kam gerade zur rechten Zeit.

Ich war dabei gewesen, Ausschau nach einer Freundin zu halten, als meine Tochter vorschlug, einen Monat lang mit mir zu reisen. Ich wußte, daß es in ihrer Anwesenheit unmöglich sein würde, eine Geliebte zu finden. Aber mit ihr zusammenzusein war mir auch sehr willkommen. Als unsere gemeinsame Zeit zu Ende ging, fuhr meine Tochter mit dem Zug nach Paris, um ihr Studium wieder aufzunehmen. Als ich nach dem Abschied von ihr aus dem Bahnhof kam, hörte ich meinen Führer ganz laut fragen: »Na, wen hättest du gewählt?« Ich wußte, was er meinte. Ich hatte mich nach der idealen Partnerin als Erfüllung meines Lebens umgesehen. Statt dessen war mir eine wunderbare und äußerst wichtige Wiederbegegnung mit meiner Tochter geschenkt worden. Es war eine Zeit voller Lachen und Verständnis gewesen, in der wir einander vieles erzählt hatten. Das hätte ich nie planen kön-

nen. Hätte sich mein Wunsch nach einer Freundin als Begleiterin erfüllt, hätte es keine Gelegenheit gegeben, mit meiner
Tochter zusammenzusein. Es wurde mir ganz klar, daß ich
wirklich nicht wissen konnte, was zum Besten aller Beteiligten
war. Wenn ich aber bereit war, Liebe nicht mehr auf meine
Weise bekommen zu wollen, dann würde das geschehen, was
für jeden am besten war.

Die Wahrheit kommt ans Licht

Der nächste Durchbruch fand statt, während ich immer weiter von der Vorstellung abrückte, ich wisse schon, was ich in
Sachen Liebe brauchte. Einige Abende später erklärte mir
mein Führer, was zu meinen vielen unbefriedigenden Beziehungen geführt hatte. Das Problem wurde durch etwas verursacht, was ich über mich selbst glaubte, etwas, was ich aber sogar vor mir selber geheimgehalten hatte. Als ich es zum ersten
Mal sah, war es so häßlich, daß ich direkt angeekelt war. Jetzt
sehe ich, daß es ein dummer Gedanke ohne wirkliche Folgen
war, außer daß er mir nur Leid eingebracht hatte, solange ich
daran glaubte.

Ich hatte mir für jede Beziehung immer eine Frau ausgesucht, bei der ich mir dachte, sie würde mich und die Eigenschaften, die ich zu bieten hatte, wirklich brauchen. Ich meinte, daß die Abhängigkeit meiner Geliebten mir ihre Liebe und
Treue sichern würde. Wenn ich ihr gab, was sie brauchte –
dachte ich logischerweise –, würde sie das auch schätzen und
mir als Gegenleistung die Liebe und Unterstützung geben, die
ich brauchte. Ich hatte immer jemanden gesucht, der auf meine Fähigkeit angewiesen war, Stabilität, Unterstützung und
Trost zu bieten. Leider sagte ich ihr aber nie, was ich da tat,
noch gestand ich es mir je selbst ein. Ich hatte insgeheim ein

Geschäft oder einen Vertrag abgeschlossen. Er lautete etwa so: »Ich will dir Sicherheit, Unterstützung und Schutz vor deinen Ängsten bieten. Umgekehrt wirst du mir die Liebe, besondere Aufmerksamkeit und vollkommene Treue bieten, die ich brauche.«

Natürlich nahm ich an, daß sie nicht nur wußte, was ich brauchte, sondern auch einverstanden war, es mir als Gegenleistung für das zu geben, was ich für sie tat. Ich erzählte meiner jeweiligen Partnerin nie von diesem Vertrag, erwartete aber, daß sie sich strikt an jede seiner Klauseln hielt. Ich führte Buch über jede Vertragsverletzung, und wenn der Vertrag nach meiner Beurteilung zu weitgehend gebrochen worden war, stieg ich einfach ohne jede Erklärung aus der Beziehung aus. Als ich mir das vor Augen führte, war ich sehr abgestoßen davon, wie hinterhältig, egoistisch und stolz ich gewesen war. Das hatte ich Liebe genannt, aber es war keine Liebe gewesen, sondern ein Vertrag. Ich hatte meiner jeweiligen Partnerin nicht einmal gesagt, daß so ein Vertrag bestand, noch hatte sie sich damit einverstanden erklärt. Mit meinem Vertrag hatte ich nicht nur Gottes Gesetz der Liebe verletzt, einer Liebe, die ohne jede Erwartung einfach gibt, sondern auch die einfache Rechtsprechung dieser Welt, derzufolge ein Vertrag offen dargelegt und von allen Beteiligten gutgeheißen werden muß.

Das Schlimmste dabei war meine Selbstgerechtigkeit, wenn mein Vertrag gebrochen worden war. Dann sagte ich mir etwa: »Sieh nur, was ich nicht alles für sie getan habe, und sie hat es überhaupt nicht geschätzt.« Und meine Freunde gaben mir sogar noch recht dabei! Bah – wie häßlich das doch war. Wie konnte ich das alles bloß getan haben, ohne zu merken, was ich da tat? In jenem Moment haßte ich mich wirklich.

Dann sagte mir mein innerer Führer ganz liebevoll, daß ich ganz einfach nur einen Fehler gemacht hätte. Es sei alles in

Ordnung. Ich versuchte nur, Liebe auf die falsche Art zu finden. Das war nicht so schlecht. Nur würden die Dinge auf meine Weise nie klappen. Ich erfuhr also, daß es wichtig war, die Liebe so lange auf diese Art zu suchen, wie ich glaubte, daß es mir so gelingen würde. Ich mußte selber herausfinden, daß mein unrechtmäßiger Vertrag auf einer falschen Annahme beruhte. Die Annahme über mich, die mich dazu brachte, Liebe auf diese Art zu suchen, lautete: »So wie ich bin, bin ich nicht liebenswert.« Ich glaubte und nahm es deshalb als wahr an, daß ich nicht wertvoll war; nur wenn ich etwas Zusätzliches zu bieten hatte, würde man mich lieben können. Und daher kam es, daß ich dachte: »Sie wird mich nur dann lieben, wenn ich ihr meine Kraft und meinen Schutz oder etwas anderes, was sie braucht, biete.« Ich glaubte an Liebe mit Bedingungen. Eine solche Liebe beruht auf gegenseitigen Bedürfnissen, wobei jeder Partner dem anderen das gibt, was er braucht. Es war ein gegenseitiger Versuch, sich die Liebe zu verdienen. Oft bezeichnet man diese Art von Beziehung als »gegenseitige Abhängigkeit«. Ein besserer Ausdruck wäre wohl »gegenseitige Bedürftigkeit«. Das ist keine Liebe und hat keinen Erfolg.

Im Gegensatz zu den Vögeln, die für alle singen, den Blumen, die für alle duften, und den Bäumen, die allem Schatten spenden, gab ich meine Liebe nur unter bestimmten Bedingungen und nahm sie auch nur so an. Mein innerer Führer sagte dazu: »Die Liebe muß man nicht verdienen. Die Liebe ist.«

Immer wieder hatte ich gehört, Gott liebe mich. Endlich wußte ich, was das hieß. Er liebt mich bedingungslos, so, wie ich bin. Er verlangt nicht von mir, daß ich mir Seine Liebe verdiene. Wenn ich das einzig wahre Wesen der Liebe erfahren wollte, dann mußte ich auch gewillt sein, andere und mich selbst bedingungslos und ohne Verträge oder Abmachungen zu lieben. Die Liebe als natürlicher Zustand braucht keine Zusätze. Die Liebe ist in sich selbst vollendet. Die Liebe ist vollkommen.

Drei Schritte zum Aufdecken falscher Überzeugungen

Vielleicht bekommen wir nicht sofort Antworten, die unsere Grundannahmen betreffen, weil wir selten bereit sind, diese in Frage zu stellen. Wir projizieren, um diese falschen Grundannahmen beibehalten zu können. Dabei handelt es sich lediglich um Fehlwahrnehmungen und falsche Beschränkungen, die wir in bezug auf uns selber annehmen.

Der *erste Schritt* auf dem Weg, diese falschen Annahmen aufzudecken, sind die Signale, die wir bekommen. Sie zeigen sich gewöhnlich als ein Gefühl der Verzweiflung oder Verstimmung und weisen uns darauf hin, daß unsere Annahmen nicht zum gewünschten Ziel führen. Wir müssen ehrlich zugeben, daß wir eine Botschaft bekommen. »Ja, das verstimmt mich.« Die Versuchung ist groß, das Signal zu übersehen und zu versuchen, unsere falsche Annahme auf jemand anderen anzuwenden und dadurch zum Ziel zu kommen. Wenn wir nur den jeweiligen Menschen auswechseln, halten wir nur den Prozeß auf. Wir können ein Signal aber nicht ewig übergehen, weil es – oft in Form von Schmerz – mit jedem Mal, wenn wir es bekommen und übergehen, lauter wird.

Der *zweite Schritt* besteht darin, offen und bereit dafür zu sein, daß die Wahrheit uns gesagt wird. Das tun wir, indem wir andere nicht zur Verantwortung ziehen und indem wir akzeptieren, was geschieht. Jemand anderer ist nicht für uns verantwortlich, wie es auch immer aussehen mag. Durch unsere eigenen falschen Annahmen und die Begrenzungen, die wir uns auferlegen, verursachen wir unsere Verzweiflung selbst. Wir müssen bereit sein, daß sie für uns aufgedeckt werden, auch wenn sie häßlich sind und uns Angst machen. Mit der Zeit finden wir heraus, daß diese Begrenzungen und Annahmen nicht wahr sind. Dann sind sie nur noch dumme Gedanken, die nicht mehr wichtig sind. Und dann sind wir frei. Wir müssen uns nicht mehr fein herausputzen. Wir finden dann auch heraus, daß wir vollkommen sind, so wie wir sind, jetzt. Das mag unmöglich scheinen, aber die Einsicht in diese Vollkommenheit wird kommen. *Hören* ist der Prozeß, der die falschen Annahmen und Vorstellungen aufdeckt. Liegt eine falsche Überzeugung erst einmal offen zutage und sehen wir sie deutlich, so verschwindet sie. Wir brauchen falsche Überzeugungen nicht wegzunehmen.

Der *dritte Schritt* ist der, daß wir auf Klarheit warten. Achte einfach immer auf die Signale, und nimm dir Zeit, nach innen zu hören, damit du Klarheit bekommst. Sie wird zur rechten Zeit eintreten. Wir müssen nicht überall nach ihr bohren. Während dieser Zeit hilft Dankbarkeit den Menschen gegenüber, die den Finger auf unsere wunden Stellen legen, den Prozeß zu beschleunigen. Jedesmal, wenn wir an sie denken, können wir versuchen, an etwas zu denken, was wir an ihnen bewundern oder schätzen. Das schafft die Öffnung in unserem Geist, damit wir annehmen können.

Direkt auf das Problem zugehen

Dabei ist es hilfreich, nicht über das zu urteilen, was passiert. Wir müssen bereit sein, etwas anzuschauen, was ekelerregend und erschreckend aussieht. Wir müssen die Wahrheit über uns herausfinden, auch wenn das Angst macht. Wir versuchen, über das Glaubenssystem unseres kleinen Geistes hinauszugehen und bis zu unserer Vollkommenheit vorzustoßen. Wir versuchen nicht, die Grundannahme zu übersehen, sondern sie aufzudecken. Die Richtung, die wir einschlagen, führt nicht vom scheinbaren Problem weg, sondern direkt darauf zu und durch es hindurch. Während wir auf das scheinbare Problem zugehen, sehen wir die Dinge langsam klarer. Um eine falsche Annahme zu überwinden, ist es nötig, daß wir sie nicht bekämpfen. Wir nehmen sie einfach zur Kenntnis und sind weiterhin bereit, auf unseren inneren Führer zu hören, der den Weg kennt.

Bei diesem zweiten Schritt, dem *Aufdecken*, ist es nicht nötig, daß wir die falsche Annahme schon klar erkennen, sondern einfach, daß wir bereit für die Offenbarung der Wahrheit sind. Eigentlich ist es unmöglich, eine solche falsche Annahme schon in diesem Stadium deutlich zu erkennen. Das ist wichtig! Oft versuchen wir nämlich, die Dinge zu erklären, bevor wir sie überwunden oder übergeben haben. Das gelingt nicht.

Keine Knobel-Übung, bitte!

Sollten wir uns damit beschäftigen, ein Problem auszuknobeln oder gar zu lösen, so sind wir verloren. Die Lösung eines Problems auf der Ebene des Problems, auf der es so aussieht, als sei es wirklich, ändert nur das Kleid, in das sich das Problem kleidet, und führt nicht zur wahren Freiheit. Wir können die Vorstellung, daß wir begrenzte Wesen sind, nicht allein verändern, aber wir können sehr wohl den guten Willen haben, nicht mehr auf die Attraktion des Gedankens, der zum Problem führt, zu reagieren und ihn so zu überwinden. Das fühlt sich eher an wie ein Loslassen eines Gedankens oder einer Überzeugung, anstatt sie zu verändern.

Begrenzungen überwinden

Wenn wir auch nur einen Augenblick lang unseren Glauben an Begrenzungen überwinden, erfahren wir unsere ununterbrochene Verbindung mit dem Göttlichen. Dieser dritte Schritt beim Aufgeben der Wahrnehmung verlangt wenig von uns. Wir tun ihn, indem wir dem Hören nachgehen und unseren Geist zur Ruhe bringen. Der dritte Schritt bedeutet die Bereitschaft, sich der Führung zu öffnen. Beim Hören überwinden wir unser Gefühl der Begrenzungen und sehen, daß die Probleme Vorstellungen und Überzeugungen sind, die zu nichts führen. Wir lassen den Wunsch hinter uns, andere, uns oder Begebenheiten zu verändern, und sind anderen dankbar, genauso wie sie sind, und auch für den Segen, den sie uns haben zukommen lassen. Dabei sehen wir, daß unsere vergangenen Überzeugungen und Handlungen genauso wie die der anderen bloß erfolglose Versuche waren, die nicht zu den erwünschten Resultaten geführt haben.

Was können wir dann anderes tun, als aufzugeben, was nicht funktioniert, wenn wir das deutlich erkennen? Da wir ja offensichtlich nicht wissen, was wir tun sollen oder was zum Guten führt, öffnen wir uns jetzt der inneren Führung. Und ruhig warten wir darauf, daß sie sich zur rechten Zeit und am rechten Ort offenbart.

Unseren Willen mit Gottes Willen verbinden

Es ist unmöglich, diese Ebene des Annehmens nur mit dem guten Willen zu erreichen, wie sehr wir auch die Dinge anders haben wollen. Was nötig ist, ist eine andere Wahrnehmung, und daß wir die Dinge mit anderen Augen sehen. Das kann nur dann geschehen, wenn wir unseren Willen mit dem Willen

Gottes verbinden. Unsere innere Stimme lenkt uns die ganze Zeit sanft zu dieser Verbindung hin. Wir sollen aber unseren Willen nicht in unterwürfiger Selbstaufgabe hingeben, denn das gelingt nie. Wir müssen den Wunsch haben, vollwertige Partner im Prozeß des Aufwachens zu sein. Am besten drücken wir unsere Bereitschaft, daß wir unseren Willen mit dem göttlichen Willen verbinden wollen, aus, indem wir diese Verbindung vor allen anderen Dingen anstreben. Diese Verbindung stellt sich von selbst ein, wenn wir nichts anderes mehr wollen. Es gibt auch keinen anderen Weg.

Ich halte mich fest, als würde ich ertrinken

Kurz vor meinem Einzug in Las Brisas reiste ich oft mit einer lieben Freundin und Gefährtin herum. Sie lehrte mich gar manches. Eine Lektion, die sie mir beibrachte, hatte damit zu tun, wie ich meinen Willen mit dem Willen Gottes verbinden konnte. Wir waren in Basel auf dem Weg zu einem chinesischen Restaurant, das in der Nähe des Stadtzentrums sein sollte. Ich war schon öfters dort gewesen und hatte mich ohne Mühe zurechtgefunden. Vor jenem Tag war ich sogar stolz darauf gewesen, den Weg mit meiner inneren Führung stets zu finden.

An jenem Tag aber verirrte ich mich ständig und war völlig verwirrt, egal in welcher Richtung ich es versuchte. Ich wollte, daß meine Freundin mir half, sagte ihr das aber nicht. Was ich wirklich wollte, war, daß sie mir half, ohne daß ich sie darum bat. Ich wurde immer ärgerlicher, während sie ruhig an ihren Fingernägeln herumfeilte. Da versuchte ich, meine Frustration aufzugeben und ihr zu verzeihen, aber das gelang mir auch nicht.

Als mir die Geduld schließlich ausging, bat ich sie, mir doch zu helfen, auf die Wegweiser zu achten und sich unseren Stadtplan vorzunehmen. Ohne zu überlegen und ohne auf den Plan zu schauen, zeigte sie auf eine Straße und sagte: »Fahr dort lang.« Dann feilte sie weiter an ihren Nägeln und war ganz vergnügt. Ein Problem mit ihr war, daß ich fand, sie unterstützte mich nicht oder nahm an den Dingen nicht so teil, wie ich es gerne wollte. Sie brachte mir gerade eine Lektion in Selbstachtung bei, aber in dem Moment kapierte ich das überhaupt nicht. Je weiter wir fuhren, um so verstimmter wurde ich und fing an, innerlich alles aufzuzählen, was mir an ihr nicht gefiel. Die Straße schien uns immer weiter aus der Stadt hinaus aufs Land zu führen. Da dachte ich bei mir: »Ich werd's ihr schon zeigen, wo es hinführt, wenn sie mir nicht hilft. Ich werde auf dieser Straße weiterfahren, wenn's sein muß, bis nach Zürich.«

Noch immer war sie unbekümmert mit ihren Nägeln beschäftigt. Nur ich geriet immer mehr in Rage. Mein Ärger nahm im Verhältnis zur Ursache völlig überdimensionale Proportionen an. Endlich dämmerte es mir: »Ihr geht es wunderbar. Sie tut, was sie tun will und freut sich an der Fahrt. Nur ich ärgere mich. Ich tue mir damit nur selber weh. Wie dumm von mir! Was will ich denn eigentlich beweisen?« Es wurde mir plötzlich klar, wie töricht ich da handelte.

Dabei hätte ich viele andere Möglichkeiten außer Wütendwerden gehabt. Ich hätte sie um mehr Hilfe bitten, hätte anhalten und nach dem Weg fragen oder ganz einfach den Stadtplan selber ansehen können. Ich ärgerte mich einfach nur, um etwas zu beweisen, und wollte sie dann auch noch für mein mieses Gefühl verantwortlich machen. Das gelang mir aber nicht, weil nur ich ärgerlich war. Auf der Stelle gab ich auf. »Ich bin bereit, mich von dir führen zu lassen, lieber Gott.

Führe mich, wohin du willst. Es ist mir gleich«, dachte ich bei mir.

Wie von Zauberhand erschien plötzlich ein Wegweiser aus dem Nichts, der ins Zentrum wies. Ich fuhr von der Landstraße ab, und wenige Minuten später waren wir auf einer Schnellstraße ins Zentrum gelangt. Dort fand ich auch gleich einen Parkplatz. Ich hatte das Gefühl, daß es nicht mehr weit zum Restaurant war, und da es sowieso und vor allem um die Mittagszeit unmöglich war, Parkplätze zu finden, nahm ich diesen und nahm in Kauf, den Rest des Weges zu Fuß zu gehen. Aber als wir ausstiegen, schaute ich auf, und das Restaurant war vor uns, auf der anderen Straßenseite. Meine Freundin lächelt vielsagend, als habe sie das Ganze inszeniert. Vielleicht hatte sie das auch! »Wann werde ich es je lernen«, dachte ich bei mir...

Das »Schmusetuch« aufgeben

Wir sind nicht mehr auf unser »Schmusetuch« angewiesen, wenn wir die Erfahrung machen, daß es uns nicht das bringt, was wir wollen.

Als Kind hast du vielleicht ein Schmusetuch gehabt. Mit der Zeit ist es sicher ausgefranst und schäbig geworden, aber du hast es nicht aufgeben wollen. Und wenn man es dir weggenommen hat, hast du es wahrscheinlich durch etwas anderes ersetzt, etwa einen Teddybären oder eine Puppe. Auch über das bist du dann hinausgewachsen. (Mach dir keine Gedanken, wenn das nicht der Fall ist – wir alle haben immer noch irgendeinen Teddybären.) Solange du deinen Teddybären gebraucht hast, um glücklich zu sein, hatte er Macht über dich. Den Gegenstand kann man zwar wegnehmen, wenn aber das Bedürfnis bleibt, so entstehen daraus Wünsche nach anderen Dingen.

Ich nehme an, daß du inzwischen an einem Punkt angelangt bist, an dem du dein Schmusetuch nicht mehr zurückhaben möchtest. Du siehst ein, daß du es zu deinem Glück nicht brauchst. Und daher hat es auch keine Macht mehr über dich. Wenn du tatsächlich den ganzen Tag so ein Ding mit dir herumtragen müßtest, würdest du dir wahrscheinlich lächerlich vorkommen. Du möchtest es nicht mehr, weil es dir in deinem täglichen Leben nicht mehr nützlich erscheint. Dein Glück hängt jetzt nicht mehr von deinem Tuch ab. Über falsche Vorstellungen hinauswachsen ist die einzige Möglichkeit, sie zu überwinden oder zu heilen.

Wir verändern uns nicht, wir wachsen über die Dinge hinaus

Ja, genauso legen wir alle unsere Begrenzungen ab. Ein Schmusetuch ist eine Einschränkung, etwas, das wir brauchen, um glücklich zu sein. Mit der Zeit sehen wir ein, daß es uns nicht mehr glücklich macht. Dann legen wir es bereitwillig beiseite, ohne das Gefühl zu haben, wir würden etwas opfern. Es nützt einfach nichts mehr. Genau das können wir mit jeder Überzeugung tun, die uns einschränkt. Man könnte auch sagen, daß wir dadurch von unserer Abhängigkeit geheilt sind. Wenn wir aber unser Bedürfnis nach dem Schmusetuch durch unser Bedürfnis nach einem Liebhaber ersetzen, sind wir immer noch abhängig. Unser Glück wird noch immer von etwas außerhalb von uns beherrscht. Nur die Form hat sich geändert. Normalerweise ersetzen wir lieber eine Abhängigkeit durch eine andere, als daß wir unser Bedürfnis aufgeben. Der Ersatz, den wir ausgesucht haben, kommt uns vielleicht annehmbarer vor, aber er löst die Beschränkung nicht auf.

Das »Schmusetuch« aufgeben nützt nichts

Es ist doch so: Jedesmal, wenn wir etwas opfern, was wir unbedingt zu brauchen glauben, oder etwas aufgeben, was wir zwar wollen, das uns aber schädlich erscheint, oder etwas Schädliches möchten, uns aber dazu zwingen, es nicht zu brauchen oder zu tun, hat uns dieses »Etwas« weiterhin in seiner Macht. Zeitweilig mag es helfen, Dinge zu vermeiden, die uns großen Schaden zufügen. Die wahre Heilung aber tritt erst ein, wenn wir die Dinge nicht mehr haben wollen. Wir können nicht willentlich unser Schmusetuch aufgeben, ohne daß das Folgen für uns hätte. Wir können aber ein Bewußtseinsstadium erreichen, in dem wir seinen vermeintlichen Nutzen nicht mehr sehen und es freudig beiseite legen. Das ist die einzig wahre Befreiung aus der Beschränkung.

Unseren Willen einsetzen, um die Zeit zu verkürzen

Von uns wird nicht verlangt, das aufzugeben, was wir haben wollen. Das ist nicht die Botschaft, die uns unsere unbegrenzte göttliche Quelle sendet. Wünsche nach begrenzten Dingen stellen uns nie zufrieden; sie beherrschen uns und schränken uns deshalb eine Zeitlang ein. Wir werden immer über Beschränkungen hinauswachsen, weil wir uns in einer unbeschränkten Wirklichkeit befinden. Die Sehnsucht nach dem Unbeschränkten können wir niemals aufgeben. Das Gute daran ist, daß jede beschränkte Vorstellung sich am Ende selbst zerstört, weil sie nämlich keine Macht mehr über uns hat, wenn wir über sie hinauswachsen.

Was wirklich ist, ist ewig und ändert sich nie. Was nicht wirklich ist, löst sich auf, wenn wir unseren Glauben an seine Wirklichkeit und seinen Nutzen aufgeben.

Und so verlaufen die Dinge nach dem Willen Gottes. Es geschieht nichts anderes. In der Zeit mag dieser Verlauf sehr lang und äußerst schmerzhaft erscheinen. Er erscheint deshalb lang, weil unsere Wünsche so dringend sind, und schmerzhaft, weil es unsere Bedürfnisse und geliebten Phantasien sind, die wir wahrnehmen. Wir können diesen Prozeß aber verkürzen. Wir können stets noch einmal wählen, uns noch einmal neu entscheiden.

Das ist der Sinn der Zeit, so wie sie unser innerer Führer anwendet. Wir werden nicht gezwungen, unser Schmusetuch aufzugeben. Liebevoll wird uns alle Zeit zugestanden, die wir brauchen, um über sie hinauszuwachsen. Ist das nicht wunderbar? Müssen wir diese liebevolle Idee nicht allen anderen mitteilen, da wir uns doch alle mit unserem Schmusetuch abmühen? In diesem Reigen der Suche, ohne je zu finden, wird es keine Schmusetuch geben, keine Beschränkung, die uns je zufriedenstellen wird. Das Ergebnis steht immer fest: Wir sind nicht beschränkt.

Über die Bequemlichkeit hinauswachsen

Am Anfang fühlt es sich möglicherweise so an, als hätten wir etwas verloren, wenn wir über unsere Süchte oder Bedürfnisse hinausgewachsen sind. Das liegt daran, daß ein Teil von uns sich an das Wohlbekannte klammert und dem Neuen voller Besorgnis entgegenblickt. Das Neue ist oft unbequem. Es ist so, als komme man aus einer dunklen Höhle ans Tageslicht. Unser menschlicher Geist und unsere Sinne brauchen Zeit, um sich anzupassen. Wenn wir aber erst einmal vollends begriffen haben, daß die alten Bedürfnisse uns gar nicht geholfen haben, fangen wir auch an, uns erleichtert zu fühlen.

Sogar am Anfang stellt sich ein tieferes Gefühl ein, daß wir auf dem rechten Weg sind, wenn wir die Beschränkungen abzulegen beginnen, auch wenn wir das Bequeme jetzt vermissen. Wir wissen genau, daß eine Last von uns genommen ist, wenn wir jetzt weitergehen. In dieser Zeit des Übergangs ist es hilfreich, uns ganz ehrlich das Leid einzugestehen, das unsere alten Bedürfnisse und Beschränkungen uns eingetragen haben. Die Sehnsucht nach dem Alten dauert nur so lange an, bis wir eingesehen haben, daß wir nichts aufgegeben haben.

Unseren Willen erkennen

Die Annahme, wir müßten unsere Herzenswünsche aufgeben, um der inneren Führung zu folgen, ist falsch. Es ist vielmehr so, daß wir unseren Willen oder Herzenswunsch gerade dazu nutzen sollen, um uns führen zu lassen. Wir setzen unseren Willen immer ein. Nie sollten wir versuchen, ihn je aufzugeben, was uns auch gar nicht gelingen kann. Wir können höchstens versuchen, ihn nicht mehr einzusetzen, aber er kommt mit der Zeit immer wieder zum Vorschein. Das Göttliche in uns will nicht, daß wir Gefangene sind. Es steht uns immer frei, das anzustreben, was wir wünschen. Das ist unser Wille.

Wenn du deinen Willen sehen willst, brauchst du dich nur umzusehen. Was dir geschieht, das ist dein Wille. Dein Wille bringt dir deine Erfahrungen ein und bestimmt, wie du sie wahrnimmst. Wenn du Affirmationen der Fülle verwendest und dich nach ihr sehnst, aber Mangel leidest, dann ist es dein Wille, Armut zu erleben.

Wenn wir das erkennen, können wir uns entscheiden, uns der inneren Führung hinzugeben und diese Hingabe dadurch Wirklichkeit werden zu lassen, daß wir unseren Willen einsetzen. Weshalb sollten wir uns Armut wünschen, wenn wir wüßten, daß wir uns für den Überfluß entscheiden können? Diese Frage wollen wir als nächstes behandeln und uns einmal anschauen, wie wir unsere Vorstellung der Realität, die eigentlich eine Dualität ist, erschaffen.

6
Die Realität und die Dualität

Warum fühlen wir uns eingeschränkt?

Wir haben uns eine eingeschränkte Existenz ausgewählt, weil
Armut, Mißtrauen, Machtlosigkeit und Haß zum Bild passen, das wir tief in unserem Inneren davon haben, wer wir sind
und wer wir sein wollen. Damit wir uns getrennt fühlen können, müssen wir uns dafür entscheiden, andere Dinge zu empfinden als Überfluß, Verbindung, Einssein und Liebe. Und
warum möchten wir lieber beschränkte Wesen sein? Weil wir
uns von unserer unbeschränkten göttlichen Quelle trennen
wollen. Wir müssen den Wunsch haben, uns nicht verbunden
zu fühlen oder die Wirklichkeit anders zu erleben, als sie ist,
damit wir eine individuelle Erfahrung machen können. So
wollten wir buchstäblich unser eigenes kleines Sein erschaffen, das getrennt vom Schöpfer und der übrigen Schöpfung
ist. Und dann haben wir uns eingeredet, daß diese Existenz
die Wirklichkeit ist. Sie ist es aber nicht.

Mit unserer Entscheidung haben wir uns scheinbar vom
Überfluß, von der Liebe und der Unbeschränktheit abge-
schnitten. Es ist unmöglich, Getrenntheit und Unbeschränktheit zugleich zu erfahren. Dadurch, daß wir uns trennen und
zum einzelnen Individuum werden, entscheiden wir uns für
die Erfahrung der Beschränktheit. Es kann zwar sein, daß wir

in dieser Dualität zuweilen sowohl Liebe als auch Haß oder Armut und Überfluß erleben, aber wir erfahren nicht nur Liebe, Überfluß und Unbeschränktheit. Und solange wir nicht ausschließlich das erleben, erleben wir die Illusion der Liebe, des Überflusses und der Unbeschränktheit und nicht ihre Wirklichkeit.

Ich habe meinen Führer gebeten, mir zu erklären, wie es denn möglich ist, daß diese Illusion einen solchen Einfluß auf unseren Geist ausüben kann, wenn sie doch unwirklich ist. Als Antwort hat er mir die folgende Geschichte erzählt:

Der Affe und die Nuß

Er sagte:»Im Orient fängt man Affen mit einer einfachen List. Der Affenfänger nimmt einen Korb mit einer kleinen Öffnung, in die er eine Nuß legt. Dann bindet er den Korb an einen Pfahl. Der Affe kommt heran und streckt seinen Arm in den Korb, um die Nuß zu bekommen. Weil er aber eine Faust um die Nuß machen muß, um sie zu packen, bringt er seine Pfote nicht mehr durch den schmalen Korbhals. Dann kommt der Affenfänger und holt sich den Affen. Der Affe hat sich selbst durch seine Vorstellung eingefangen. Sonst hält ihn nichts fest. Er kann sofort entwischen, wenn er die Nuß losläßt. Aber er will sie nicht loslassen. Seine Falle ist die Vorstellung, daß er etwas verliert, wenn er losläßt.«

Dann fuhr er fort und erklärte mir, daß wir uns von genau derselben Vorstellung einfangen lassen. *Wir haben das Gefühl, wir würden etwas verlieren, wenn wir das loslassen, was wir haben, nämlich unser begrenztes Selbst.* So halten wir denn an unserer Identität oder unserem Ego fest, und damit sitzen wir in der Falle. Wenn wir loslassen – was uns Angst macht, weil wir nicht sicher sind, was dann geschehen wird –, sind wir frei. Wir stellen fest, daß wir nichts verloren, sondern unsere wahre Identität gefunden haben: die Unbeschränktheit. Abschließend meinte mein Führer: »Laß dein Ego nicht einen Affen aus dir machen! Sei bereit, deine Identität loszulassen.«

Die Angst vor der Wirklichkeit

Glaubst du nicht, daß du Angst vor der Wirklichkeit hast und davor, alle deine Vorstellungen fallenzulassen? Bist du bereit, deine Identität loszulassen, vor allem jene Eigenschaften, die du für gut hältst? Denk nur an deine Angst, Gott von Angesicht zu Angesicht zu begegnen. Kannst du deine Angst davor spüren, dein kleines Ich an etwas Größeres zu verlieren? Diese Urangst habe ich 1983 erlebt, als ich in Europa herumreiste.

Ich war gerade in England, in der Nähe von Falmouth, und hatte mich in einer kleinen Herberge einquartiert. Seit einiger Zeit hatte mich der Gedanken beschäftigt, Christus von Angesicht zu Angesicht zu begegnen. Ich hatte *Ein Kurs in Wundern* gelesen, demzufolge das möglich sein sollte. In jener Nacht weckte mich mein innerer Führer plötzlich um etwa zwei Uhr früh und hieß mich zum Bad am Ende des Flurs gehen. Dort würde ich Christus begegnen, sagte er. Obwohl ich genau um ein solches Erlebnis gebeten und darauf gehofft hatte, fürchtete ich mich so sehr, daß ich nicht aus dem sicheren Bett zu steigen wagte.

Es dauerte beinahe zehn Minuten, bis ich den Mut gefaßt hatte, aufzustehen und den Flur entlangzugehen. Zum ersten Mal wurde mir meine Angst vor der Wahrheit bewußt. Was mich am meisten erschreckte, war, daß ich keine Geheimnisse haben würde, daß ich nichts verstecken konnte und Jesus Christus alle meine Fehler sehen und mich als nichtswürdig einschätzen würde. Zitternd und bebend öffnete ich endlich die Badezimmertür und machte Licht. Da war niemand. Meine erste Reaktion war Erleichterung. Darauf folgte die große Enttäuschung, daß ich so Angst gehabt und eine einmalige Gelegenheit verpaßt hatte. Ich ging wieder zu Bett, aber schlafen konnte ich kaum mehr.

Die darauffolgenden zwei Tage war ich sehr traurig und zerknirscht und schwor mir, daß ich ein zweites Mal nicht versagen würde. Am dritten Tag dämmerte es mir... das Badezimmer war der einzige Raum im ganzen Haus mit einem *Spiegel* gewesen! Ich erinnerte mich, wie ich mich in der Nacht, in der ich die Begegnung versäumt hatte, im Spiegel angesehen hatte. Ich hatte nur einen Versager in jenem Spiegel gesehen, einen häßlichen, verängstigten Versager.

Den Christus sehen

An jenem Abend saß ich einige Zeit vor einem anderen Spiegel und versuchte, den Christus in mir zu sehen. Die nächsten sieben Monate hatte alles, was ich lernte, damit zu tun, daß ich den Christus überall und in jedem sah, vor allem in mir selbst. Es hatte mir sehr geholfen, mit der nackten Angst in Berührung zu kommen, die uns alle packt, wenn es darum geht, der Wahrheit wirklich ins Auge zu blicken. Christus heißt mein wahres Wesen. Christus ist der Name meines wahren Selbst. Es hat nur wenige Menschen gegeben, die eine Ahnung von der Größe dieser Idee hatten und auch bereit waren, sie zu begrüßen und zu erfahren.

Jesus ist der einzige Mensch, der die Gottesvorstellung vollkommen verkörpert und aufgezeigt hat, daß wir göttlich sind, und zwar hier und jetzt. Über seine Person – was er war und getan hat – sind viele falschen Theorien in die Welt gesetzt worden. Laßt die Vorurteile anderer euch nicht davon abhalten, die große Wahrheit herauszufinden, die sein Leben und seine Botschaft enthalten. Viele andere haben das Christusideal verkörpert, einige sehr stark, andere in geringerem Maße. Sie haben viele Namen und haben die Botschaft auf verschiedene Weise verkündet. Einige sprechen euch vielleicht mehr an als andere, und das ist gut so. Die Namen und Beschreibungen spielen keine Rolle. Nur die Vorstellung unserer Verbindung mit dem Göttlichen ist wichtig.

Wichtig ist, daß wir alle begreifen, daß wir von Gott abstammen. Wir können wirklich demonstrieren, daß eine göttliche Macht uns geschaffen hat, und diese Göttlichkeit hier und jetzt ausdrücken. Das ist die Wirklichkeit. Die Macht, jene Göttlichkeit hier und jetzt auszudrücken, steht allen zur Verfügung, die ihren Willen darauf richten und nichts anderes wollen. Dann hören wir tatsächlich auf, etwas anderes zu sein, und unsere Göttlichkeit drückt sich von selbst aus. Es ist nicht etwas, was wir tun sollen, sondern etwas, was da ist, wenn wir aufhören zu handeln.

Was hat die Liebe damit zu tun?

Die meisten Menschen möchten lieben. Und wir alle wollen geliebt werden. Wie kommt es dann, daß wir im Leben soviel Alleinsein erfahren? Es rührt daher, daß unser starker Wille und unser Wunsch nach Abgetrenntheit unseren natürlichen Zustand ausschalten, demzufolge wir mit allen und allem verbunden sind. Statt daß wir die Liebe erfahren, die das natürliche Einssein ist, beschert uns unser Wille, was wir erwarten, nämlich Einsamkeit und Trennung.

Wir brauchen nur unsere Erfahrungen anzusehen, um zu verstehen, was wir eigentlich wollen. Das ist das Gute daran.

Unser Leben zeigt uns wunderbar an, was wir wahrhaft be-
gehren, auch wenn wir uns noch so sehr selber zum Narren
halten. Wenn du etwas erlebst, was dir nicht gefällt, so kommt
das daher, daß du es gewollt hast und glaubst, du verdienest
das.

Du sagst zum Beispiel, daß du dich einsam fühlst oder niemanden findest, den du wirklich lieben könntest. Wie kannst
du das ändern? Suchst du dir jemanden aus, den du lieben
kannst? O nein! Und warum? Weil es nicht das Wesen der Liebe ist, einen einzelnen Menschen lieben zu wollen. Die Liebe
ist keine Liebe, wenn sie nur einen einzelnen Menschen im
Auge hat. Es kann Leidenschaft sein, Besitzanspruch oder
aber eine besondere Beziehung, aber es ist sicher nicht die Liebe Gottes, die einzig wahre Liebe.

Die Liebe mit dem Willen finden

Wie sollen wir dann Liebe finden? Erinnern wir uns an eines
der Gesetze Gottes: Was du gibst, das bekommst du. Wenn
wir also Liebe bekommen wollen, müssen wir sie zuerst geben. Und weil die wahre Liebe keine besondere Liebe ist, versuchen wir, allen Liebe entgegenzubringen. Heißt das, daß
wir jetzt mit allen intim sein sollen? Keineswegs: Nähe, Intimität und Sex sind nicht Liebe. Die Liebesillusionen, die man
Sex, Gemeinschaft, Intimität und Nähe nennt, sind oft Egois-
mus, Bedürftigkeit, Besitzanspruch und Herrschsucht. Liebe
bedeutet, bei allen zu sehen, daß sie unsere Achtung verdienen, und sie zu ehren; sie so zu behandeln, wie wir behandelt
werden möchten. Das ist Liebe. Wenn wir die Liebe auf diese
Weise äußern, sind wir auch offen, sie zu empfangen, und sie
wird uns aus ihrer eigenen Güte zuteil.

Unser Führer wird uns stets die Menschen schicken, die wir brauchen, und das im richtigen Moment. Unsere Aufgabe beim richtigen Einsatz unseres Willens ist nicht, Menschen abzuweisen, weil sie nicht unserem Bild der Liebe entsprechen. Sollen wir uns denn dann mit jedem freundschaftlich verbinden? Auch das nicht. Wir sollen einfach offen sein, die Geschenke von allen anzunehmen, wer auch immer sie uns bringt. Dann erwidern wir diese Gaben mit unserer Achtung und Liebe. Das ist es, was die Dankbarkeit will. Und so kann man lernen, daß Geben und Empfangen eins sind. Jeden Menschen akzeptieren heißt die Liebe so ausdrücken, wie sie wirklich ist. *Annehmen* ist gelebte Liebe.

Was sollen wir tun, wenn jemand kommt und sagt, sie oder er seien zu uns geführt worden, um unser Partner, Gefährte oder Liebhaber zu sein? Wenn wir dasselbe in uns hören, ist alles in Ordnung. Nehmen wir aber einmal an, daß wir diese Wünsche nicht teilen. Dann können wir sie oder ihn trotzdem lieben und achten, auch wenn uns unsere innere Stimme nicht dazu anhält, eine besondere Beziehung zu demjenigen aufzunehmen. Und weshalb sollten wir das tun? Weil die Liebe alle umfaßt. Weil wir uns genauso wie andere lieben und achten sollen. Wir lieben uns nicht, wenn wir da sind, wo wir gar nicht sein wollen, oder unsere Bedürfnisse und Wünsche opfern.

Auch wenn unser Führer uns nicht zu einer bestimmten intimen Beziehung führt, können wir doch liebevoll mit diesem Menschen in Beziehung treten. In einer liebevollen Beziehung bringen wir allen Anerkennung und Achtung entgegen. Vielleicht müssen wir sogar jemandem »nein« sagen, aber wir brauchen uns deswegen nicht gleich ganz zurückzuziehen. Auch mit Sex und Intimität gehen wir auf gleiche Weise um. Wenn Sex ein Ausdruck der Liebe ist, die zwei Menschen miteinander verbindet, und wenn er beide Partner ehrt, dann ist er auch ein Ausdruck der göttlichen Liebe und bringt beiden Freude und Befriedigung. Wird Sex aber für etwas anderes als Liebe und Achtung eingesetzt, etwa um zu beherrschen, zu besitzen oder um etwas zu bekommen, dann ist das keine Liebe und befriedigt auch nicht. Dann ist es einfach Lust, aber keine Liebe. Alle materiellen Freuden sind vergänglich, enttäuschen uns und lassen uns am Ende ganz im Stich.

Glaub nur nicht, daß du die Liebe kennst

Konkrete Antworten auf dem Gebiet der Liebe kann dir nur dein eigener innerer Führer geben, der dir dann sagt, wie du am liebevollsten handeln kannst. In jeder Situation kannst du angeleitet werden, was du am besten sagen oder tun sollst. Du brauchst dazu nur den einen Wunsch, ein Ausdruck der göttlichen Liebe zu sein. Geh in dich und frage, was du tun und sagen sollst. Du brauchst nur alle lieben zu wollen, dich mit eingeschlossen, und dich dann führen zu lassen, auch wenn die Führung nicht mit deinem menschlichen Bild der Liebe übereinstimmt. Wenn das dein wahrer Wunsch ist, wird dir die richtige Handlung eingegeben werden. Dann verschwindet ein Problem oft einfach, oder es zeigt sich eine wunderbare Lösung. Wenn du alle Beteiligten *annimmst*, brauchst du gewöhnlich sonst nichts zu tun.

Etwas anderes wollen führt zu anderen Erfahrungen

Da wir das erfahren, was wir wollen, verändern sich unsere Erfahrungen, wenn wir unseren Willen auf etwas anderes richten. Das geschieht auch, wenn wir Affirmationen oder

Visualisieren anwenden. Diese sind wirksam, weil der Wille ein machtvolles Instrument ist. Wir haben aber gesehen, daß Techniken der Geisteskontrolle deshalb unvollständig sind, weil sie von einem beschränkten Geist ausgehen. Sie haben keine andere Macht, keinen anderen Zauber als den, den wir ihnen durch unseren Glauben verleihen. Ich kann euch nur raten, vorsichtig damit umzugehen, weil solche Techniken sehr enttäuschende Ergebnisse nach sich ziehen können.

Du kannst zwar etwas wählen und wollen, was dich deiner Meinung nach glücklich macht; aber weißt du denn wirklich, was dich glücklich macht? In unserem jetzigen Zustand sind wir wie Kinder mit viel Macht. Genau wie kleine unerzogene Kinder meinen wir, alles zu wissen, aber wir verstehen nicht, was wirklich vor sich geht. Wenn wir nun unseren beschränkten Geist mit seiner langen Liste von Dingen, die uns unserer Meinung nach glücklich machen, mit unserem machtvollen Willen verbinden, so werden wir diese Dinge oft auch erlangen. Wir werden aber immer noch nicht glücklich sein. Das liegt daran, daß wir nicht wissen, was uns wirklich glücklich macht.

Ich kenne viele Menschen, die ihren perfekten Gefährten oder die ideale Arbeit oder dieses oder jenes vollkommene Etwas visualisiert und auch bekommen haben. Allerdings haben sie nachher immer gemerkt, daß sie einige ganz wichtige Bedingungen vergessen hatten. Deshalb ist es so notwendig, daß wir unseren Willen oder unsere Wünsche mit dem Willen Gottes und Seiner Führung verbinden. Das tun wir, wenn wir unserem inneren Führer folgen. Ohne diese Verbindung erzielen wir nur beschränkte Ergebnisse. Das ist der Grund, weshalb wir nie zufrieden sind, wenn wir etwas wollen und dann bekommen, mit einer einzigen Ausnahme. Wenn wir uns mehr als alles andere mit unserer göttlichen Quelle verbinden wollen, dann geschieht das. Aus dieser Verbindung ergibt sich alles andere, was wir brauchen, von selbst.

Wie setzt man sich Ziele?

Und wie geht das genau vor sich, den eigenen Willen dank der inneren Führung mit dem Willen Gottes verbinden? Nehmen wir an, wir hätten ein bestimmtes Ziel, etwas, das wir uns wünschen und das uns in unseren Augen glücklich machen würde. Ist das verkehrt? O nein. Es ist in irgendeiner Situation fast unmöglich, keine bestimmten Vorlieben zu haben. Tatsächlich ist es oft hilfreich, ein Ziel zu haben, weil es uns eine Ausrichtung gibt und uns vor Augen führt, was wir zu brauchen glauben. Kurz, es zeigt uns, was wir wirklich wollen. Es ist nur wichtig, keinen Gott aus diesem Ziel zu machen. Es ist lediglich ein Ausgangspunkt. Jetzt sollten wir offen bleiben und bereit sein, unsere Richtung oder unser Ziel jederzeit zu ändern, wenn wir dahingehend angeleitet werden. Deshalb ist eine *annehmende* Haltung so wichtig, um der inneren Führung nachzukommen und sich Ziele zu setzen.

Wenn wir uns dann unserem Ziel nähern, beobachten wir unsere Gedanken und Erfahrungen. Läuft alles reibungslos ab? Freuen wir uns? Regen wir uns über irgendeinen Zeitplan oder irgendwelche Einzelheiten auf? Gehen einige Türen zu? Öffnen sich andere? Sollte ich immer geradeaus weitergehen oder die Richtung ändern? Bin ich offen und annehmend, oder versuche ich etwas durchzudrücken? Wenn du dich der Führung öffnest, weißt du, wann es Zeit für eine Richtungsänderung oder Zielverschiebung ist.

Werden wir geführt, oder erzwingen wir die Dinge?

Eine äußerst wichtige Frage, die wir uns gar nicht oft genug stellen können, lautet: »Werde ich angeleitet, das zu tun?« Anders ausgedrückt: »Ist das mein Plan oder Gottes Plan?«

Sogar in unserem gegenwärtigen illusionären Zustand sind wir machtvoll. Es ist weder gefragt noch verlangt oder gar hilfreich, unsere Willensstärke aufzugeben. Allerdings können wir unseren Willen mißbrauchen und dadurch Schmerz erfahren. Der Schmerz wird uns am Ende zur Einsicht führen, daß wir unser Verhalten ändern müssen. Die Antwort ist, *nie* unsere Macht aufzugeben. Unser Wille ist ein Geschenk Gottes. Gott teilt seine Schöpferkraft mit uns, indem Er uns den freien Willen gibt. Ohne innere Führung trennen wir jedoch diese schöpferische Kraft von der Liebe, Weisheit, Wahrheit und Freude ab. Ist es dann erstaunlich, daß unser Wille uns schmerzhafte Erfahrungen bescheren kann?

Immer fragen

Am Anfang fragte ich meinen inneren Führer, weshalb ich seine Anleitungen so ausschließlich beachten müsse, wie er es von mir verlangte. Ich hatte bislang Erfolg mit meinen Entscheidungen gehabt und fand es etwas albern, ständig und bei allem fragen zu müssen. Waren meine vergangenen Entscheidungen denn so schrecklich gewesen, daß man sich nicht auf sie verlassen konnte? War ich wirklich so unfähig? Da bekam ich folgendes zu hören: »Du hast viele gute Entscheidungen getroffen. Ich weiß, daß du dich meistens bemühst, das Beste für dich und andere zu tun. Du hast aber meine Führung in allen Dingen deshalb nötig, weil du dich nicht so hoch einschätzt wie ich.« Da staunte ich aber, hatte ich doch nie geglaubt, besonders bescheiden zu sein.

Mein Führer fuhr fort: »Du bist wie ein Ausgehungerter, der sich zu einem großen Festessen schleicht. Du stiehlst ein winziges Häppchen von einem Tablett und schiebst die anderen so zurecht, daß niemand merkt, daß du eins genommen hast. Dann schleichst du dich wieder weg, bevor dich jemand sieht, versteckst dich draußen und ißt deine winzige Beute dort. Und dabei hast du keine Ahnung, daß das Festmahl zu deinen Ehren gegeben wurde. Alle haben nur auf dich gewartet.«

Dieses Beispiel hat meine Meinung über die innere Führung geändert. Ich sah sie nicht mehr als Einmischung in Dinge an, die ich wollte. Nun sah ich, daß sie eine Möglichkeit war, zu bekommen, was ich wirklich verdiente. Ich wußte, daß das, was ich da gehört hatte, wahr war, obwohl es mir schwerfiel, es zu glauben. Seither habe ich die Erfahrung gemacht, daß mein Führer *immer* besser für mich sorgt als ich, wenn ich mich selbst bemühe. Mein Leben ist tatsächlich zu einem Festmahl geworden, und ich gebe mich jetzt nicht mehr nur mit einem Happen zufrieden wie früher.

Die richtige Entscheidung

Mein Führer setzte hinzu: »Es gibt noch einen Grund, weshalb es immer besser ist, in allem der Führung nachzukommen. Dadurch entsteht nämlich ein Segen für alle Beteiligten. Vielleicht erkennst du das nicht immer, aber wenn du versuchst, so gut wie möglich zu hören, werden deine Entscheidungen voller Segen sein.«

Als er nun fragte: »Sind dir deine Entscheidungen nicht oft schwergefallen, weil du versucht hast, es allen recht zu machen? Ist dir das je gelungen?«, mußte ich zugeben, daß ich mich oft bemüht hatte, es allen recht zu machen, und auch, daß es mir nie ganz gelungen war. Irgend jemand hatte offensichtlich immer den kürzeren gezogen. Oft war dieser jemand ich gewesen.

Da sagte er: »Wenn du meiner Führung folgst, brauchst du dich nie zu sorgen. Ich kenne die Bedürfnisse aller Beteiligten, die durch deine Entscheidung betroffen sind. Alle werden das bekommen, was sie brauchen, wenn du nur tust, was ich dir sage. Es kann schon sein, daß du das nicht sofort oder überhaupt nie siehst, aber du kannst darauf vertrauen, daß es immer geschieht.« Soviel ich weiß, ist das auch so gewesen. Ich habe an vielen Beispielen erlebt, wie sich das auswirkt. Las Brisas ist jedenfalls ein solches Beispiel. Ich bin sehr froh, daß ich die Last ablegen kann, das Richtige zu tun, die richtige Entscheidung zu treffen. Ich brauche nur dem zu folgen, was mir meine innere Führung sagt; und nicht in vollkommener Weise, sondern nur so gut ich kann.

Die Wohnung

Klingt einfach, nicht? Komm einfach deiner inneren Führung nach, dann triffst du die richtige Entscheidung. Aber es tritt nicht immer klar zutage, daß du die richtige Entscheidung getroffen hast. Wenn die Führung gegen unsere innerste Überzeugung geht, ist es nicht einfach, auf sie zu hören. Vor einigen Jahren hatte ich Gelegenheit, am eigenen Leibe zu erfahren, wie sich so etwas auswirkt.

Ich hatte eine kleine Wohnung in Sichtweite meines Hauses an meinen Sohn und seine Freundin vermietet. Ich wollte sie eigentlich renovieren und hatte sie ihm deshalb billig vermietet. Später würde ich dann mehr Miete verlangen; wenn ich nach Europa fahren wollte, mußte ich mich darauf verlassen, daß die Kosten für mein Haus auch hereinkamen. Aber ich hatte damals weder die Zeit noch das Geld, die Wohnung in Ordnung zu bringen, und somit mietete mein Sohn Brian sie weiterhin für wenig Geld.

Die andere Wohnung, die ich noch vermietete, stand plötzlich leer. Da gab ich ein Inserat auf, um neue Mieter zu finden. Ein nettes junges Paar mochte die Lage zwar sehr, aber die Wohnung war zu klein für sie. Sie fragten, ob ich nicht etwas anderes hätte, und ich sagte: »Doch, ich habe noch eine Wohnung, aber dort wohnt mein Sohn, und sie muß erst renoviert werden, sie wird also noch eine Weile nicht zu haben sein.« Sie wollten sie aber sehen und verliebten sich sofort in diese Wohnung. Ich wollte mich eigentlich nicht verpflichten, weil ich zwischen der Notwendigkeit, eine volle Miete dafür zu verlangen, und meinem Wunsch, Brian zu helfen, hin und her schwankte.

Damals folgte ich der inneren Führung. Ich hatte das Gefühl, das Paar sei mir geschickt worden. Aber ich wußte trotzdem nicht, was ich tun sollte. So schickte ich sie denn weg und sagte: »Ruft nochmals an, wenn ihr in zwei, drei Wochen nichts anderes gefunden habt.« Ich hatte gelernt, daß ich jedesmal, wenn ich im Zweifel über die Führung war, warten, nach innen gehen und nach weiteren Zeichen Ausschau halten sollte.

Ein Zeichen, das ich damals verwendete, um sicherzugehen, daß ich tatsächlich geführt wurde, war eine dreimalige Wiederholung innerhalb kurzer Zeit. Wenn etwas dreimal vorkam, wußte ich, daß ich richtig gehört hatte. Ich war sicher, daß das Paar nicht anrufen würde, wenn sie die Wohnung nicht haben sollten. Unterdessen stand die andere Wohnung immer noch leer, und mir ging langsam das Geld aus. Es war mir unbegreiflich, weshalb mein Führer sich nicht entschloß, die leerstehende Wohnung zu vermieten und dadurch mein Problem ganz einfach zu lösen.

Zwei Wochen später rief das junge Paar wieder an; sie wollten die Wohnung immer noch. Sie wollten sogar mehr bezahlen, als ich verlangte. Wieder gab ich ihnen eine hinhaltende Antwort. Trotz meiner gelegentlichen Probleme mit Brian und seiner Freundin brachte ich es als guter Vater nicht übers Herz, ihnen zu sagen, daß sie ausziehen mußten. Jedesmal, wenn ich in mich ging, um nachzufragen, vermeinte ich von meinem Führer zu hören, mein Sohn müsse ausziehen. Aber ich hatte so meine Zweifel, ob eine solche Botschaft wohl Führung sei, da sie mir gar nicht liebevoll erschien.

Das Paar rief wieder an. Das war nun das dritte Mal, und damit hatte ich keine Entschuldigung mehr. Ich hatte ihnen gesagt, daß ich weder Zeit noch Geld hatte, die Wohnung instand zu setzen. Darauf meinten sie, ihr Vater würde sich um alle Arbeiten kümmern, und sie würden dafür bezahlen. Ich wußte jetzt, daß die Geschehnisse ihren Lauf nahmen. Da ging ich zu Brian und bat ihn, auszuziehen. Ich erklärte ihm, daß ich die volle Miete brauchte, damit ich nach Europa reisen konnte. Als Ersatz bot ich ihm die leerstehende Wohnung an, diesmal allerdings fast zur vollen Miete, wie es mein Führer mir aufgetragen hatte.

Brian und ich waren uns all die Jahre unseres Zusammenlebens sehr nahe gestanden. Ich hatte nie die Probleme der meisten Väter mit ihren halbwüchsigen Söhnen gehabt. Jetzt wurden aber sowohl er wie auch seine Freundin sehr abweisend und feindselig wegen des Umzuges und redeten kaum noch mit mir. Sie mieteten die andere Wohnung einige Monate lang, dann trennten sie sich. Brian gab mir die Schuld für seine ganzen Probleme und besonders für die Schwierigkeiten, die er jetzt mit seiner Freundin hatte. Unsere Beziehung lag in

Trümmern, und mich schmerzte der Verlust der früher so gewohnten Nähe zueinander sehr.

Ein paar Monate später fuhr ich mit dem Gefühl nach Europa ab, daß ich zwar meiner Führung gefolgt war, daß das mich aber meine gute Beziehung zu meinem Sohn gekostet hatte. Die ganze Situation kam mir sehr verworren vor, und das Resultat aus dieser inneren Anleitung gefiel mir überhaupt nicht. Jede andere Führung hatte sich positiv auf mein Leben ausgewirkt. Das aber war in meinen Augen nicht positiv. Ich hoffte, daß die Zeit die Wunden heilen und das Problem lösen würde, und zweifelte daran, daß ich richtig gehört hatte.

Als ich wieder zurückkam, rief mich Brian an und lud mich zum Mittagessen ein. Schon bei der Begrüßung sagte er: »Weißt du, Pa, wegen der Wohnung...« Ich schnitt ihm sofort das Wort ab und sagte, über dieses Problem wolle ich nicht mehr reden. Daraufhin lächelte er: »Aber Pa, es ist gar kein Problem! Es ist das Beste, was du je für mich getan hast.« Er erzählte, wie es weitergegangen war, und ich erfuhr, daß er und seine Freundin Drogen genommen und das Geld dafür gebraucht hatten, das sie bei der Miete gespart hatten. Als sie die volle Miete bezahlen mußten, hatten sie kein Geld mehr für Drogen, und seine Freundin war gegangen. Als Folge davon hatte er aufgehört, Drogen irgendwelcher Art zu nehmen, und setzte sich sehr aktiv in der christlichen Jugendbewegung ein. Jetzt opfert er viel Zeit für seine Kirche, ist zu einem flotten jungen Mann geworden und hat eine sehr nette Frau geheiratet, die seinen tiefen Glauben an Gott teilt.

Seit der Wohnungsepisode habe ich eine große Veränderung in Brians Einstellung feststellen können, in seiner Einstellung zum Leben, seiner Lernbegier und seiner Entschlossenheit, wachsen zu wollen. Er war schon immer ein sehr liebevoller und spiritueller Mensch gewesen, aber jetzt zeigt er eine geradezu außerordentliche Bereitschaft, seine ganze Kraft in ein neues Leben hineinzustecken.

Wissen, daß du nicht weißt

Mein innerer Führer wußte, was ich nicht wissen konnte. Es war ganz wichtig gewesen, daß meine Vorstellung eines »liebenden Vaters« sich meiner inneren Führung nicht in den Weg stellte. Mit der Zeit habe ich eingesehen, daß ich nicht weiß, was es bedeutet, »wahrhaft liebevoll« zu sein. Ich muß bereit sein, alle meine Vorstellungen aufzugeben, sogar über die Liebe, und mich ausschließlich auf meine innere Führung verlassen. Ich kann weder die Welt noch andere Menschen oder meine eigenen vergangenen Erfahrungen dazu heranziehen, daß sie das gutheißen, was ich höre. Die Welt da draußen wird der inneren Führung nie recht geben. Täte sie es, so bräuchten wir keine Führung.

Wir haben schon erwähnt, daß Probleme *Signale* für unsere beschränkten Überzeugungen sind. Wir erkennen, daß unser Wille heilig ist und uns alles beschafft, was wir brauchen. Sehen wir uns jetzt an, wie wir alles als einen *Segen* betrachten können.

7
Annehmen setzt die Führung um

Annehmen verdeutlicht die Macht des Hörens

Das Hören voll und ganz einsetzen heißt, nicht nur eine Technik zu entwickeln, um Informationen aus einer höheren Quelle zu bekommen. Es heißt auch nicht bloß, daß man diese Informationen dazu verwendet, verschiedene Dinge in seinem Leben zu korrigieren, oder versteht, was da vor sich geht. Das sind nur die ersten Schritte, die unser Bewußtsein dafür wecken, welches Potential im Hören steckt. Es sind allerdings Schritte, die wir erleben müssen, bis wir so viel Vertrauen haben, daß wir in allem fragen und umgehend eine Antwort bekommen können.

Beim Hören lernen wir, über die Information unseres nach außen gerichteten Geistes hinauszugehen und still zu werden. Dabei wird es uns zur Selbstverständlichkeit, tagsüber Zeit mit dem Empfang von Informationen aus unserer höheren Quelle zu verbringen. Wir entwickeln die automatische Reaktion, still zu werden und hinzuhören, sobald wir verstimmt sind oder uns ärgern. Es kommt uns sehr zugute, wenn wir diesen Hörprozeß in jeden Winkel unseres täglichen Lebens und alle Aspekte unseres Denkens ausdehnen. Dann stellen wir fest, daß das *Hören* uns Türen öffnet und uns leicht und einfach zu dem führt, was uns wirklich glücklich macht.

Wenn wir dann langsam auch *annehmen*, sehen wir, daß alles Führung ist, egal, wie es aussieht. Wenn wir beispielsweise etwas tun möchten und das Geld dafür nicht haben, sehen wir das als Führung an. Wir merken, daß es wohl nicht die Zeit für diese Art von Aktivität ist, und warten darauf, daß sich Klarheit einstellt. Wenn sie da ist, wissen wir, daß wir weitermachen können. Wenn das Geld – oder was es auch sei – nicht kommt, sehen wir, wie sich ein anderer Weg vor uns auftut.

Annehmen verwandelt Konflikte in Vollkommenheit

Annehmen verändert die Art, wie wir uns selber und die Welt sehen. Die Welt ist nicht mehr ein Ort voller Konflikte und Gefahren. Wir sind nicht mehr die potentiellen Opfer der Umstände. Alles wird Teil des Planes zu unserem Glück, in welcher Form es auch erscheinen mag. Krankheit, Streß und Unfälle werden zu Signalen, daß wir nach innen gehen und hören sollen.

Wir versuchen nicht, irgend etwas zu heilen oder zu verändern. Wir sehen alles als Hilfe und Segen für uns an. Wir gehen davon aus, daß alles vollkommen ist, wir eingeschlossen. Es ist vollkommen, so, wie es gerade ist. Das einzige, was wir tun müssen, ist, das anzunehmen, was ist, und Klarheit zu suchen, wenn wir sie brauchen. Die Dinge oder Begebenheiten sind keine Lektionen oder Prüfungen, sondern einfach Teil der Führung, die uns zufließt, und wir können sie begrüßen, anstatt uns ihr zu widersetzen.

Von diesem Standpunkt des Annehmens und Hörens aus schauen wir nach und nach aus unserem vollkommenen Wesen auf vollkommene Ereignisse und vollkommene Brüder und Schwestern. Es ist nicht nötig, daß sie ihre Vollkommenheit begreifen, sondern nur, daß wir es tun. Und wenn wir so schauen, lernen wir die Welt plötzlich als einen Ort kennen, der sich zu einer Stätte der Liebe und Schönheit gewandelt hat und nur zu unserer Freude und zu unserem Glück erschaffen ist. Und von da aus fangen wir an, wahrzunehmen, daß wir keine menschlichen, sondern spirituelle Wesen sind. Wir erkennen, daß wir unbegrenzt, ewig und unverletzbar sind. Die alten Vorstellungen lösen sich langsam auf, und wir sehen nicht mehr Dualität oder Trennung, sondern Einheit und Verbindung.

Annehmen führt zum richtigen Hören

Annehmen ist die einzige Möglichkeit, über eine Welt der Konflikte und Schmerzen hinauszugehen zu einer Welt der Liebe und der Freude. Wenn wir das Hören verwenden, um Informationen darüber zu bekommen, wie wir die Welt oder andere – auch uns selbst – manipulieren können, dann bleiben wir in einer dualistischen Vorstellung von Schmerz und Freude, von Licht und Dunkelheit, von Liebe und Haß stecken. Dann glauben wir, daß unsere Aufgabe darin besteht, hier das eine in Ordnung zu bringen, dort das andere zu erdulden. Wir werden ständig auf Trab sein und versuchen, zu heilen und zu helfen, um schließlich festzustellen, daß unsere Mühe weder geschätzt wird noch wirksam ist.

Nehmen wir aber eine annehmende Haltung ein, dann wissen wir, daß alles vollkommen ist und zu Gottes Plan gehört. Dann sehen wir nicht zwei Möglichkeiten, sondern nur eine. Und diese eine ist immer der Plan Gottes, der sich in Vollkommenheit entfaltet. Dann *hören* wir nicht mehr, um die Welt oder uns zu verändern, sondern um *uns und die Welt als voll-kommen zu erfahren.*

Vom Standpunkt der Vollkommenheit aus, den wir durch das Annehmen erreichen, können wir nun voll und ganz hören, weil unser Geist auf derselben Ebene ist wie die Botschaft, die wir empfangen. Wir stellen nicht nur fest, daß alles vollkommen ist, sondern auch, daß wir in dieser Welt vollkommen sind. Das erfordert wenig Veränderungen und Taten. Wir nehmen wahr, wie alle uns Geschenke machen und wie die Welt vollkommen dafür eingerichtet ist, uns mit dem, was wir wirklich brauchen, zu versehen. Unsere Einstellung verändert sich: Wir sind nicht mehr verärgert, sondern dankbar.

In jeder Lebenslage: Hören

Seit ich vor 15 Jahren bewußt mit dem Hören begonnen habe, meinte ich immer, ich verließe mich voll und ganz auf die innere Führung. Erst später entdeckte ich zu meiner Verwunderung ganze Teile meines Lebens, in denen ich überhaupt nicht *hörte.* Gewöhnlich war das ein Bereich, in dem ich meinte, ich wisse, was zu tun sei. Das war besonders bei meiner ständigen Suche nach einer Beziehung der Fall. Ich habe den Wunsch nach einer Beziehung Hunderte von Male aufgegeben, nur um darauf zu warten, wann sich wohl meine ideale Beziehung einstellen würde. Jemand tauchte dann etwa in meinem Leben auf, um mir zu helfen, eine Wahrheit zu erkennen, und ich versuchte dann, eine dauerhafte Beziehung daraus zu machen. Dann grämte ich mich wegen meines vermeintlichen Verlustes, wenn sie ihren Teil getan hatte und wieder ging.

Über den richtigen Einsatz des Handelns

Es einfach tun sieht so einfach aus, dabei kann es bei der ganzen Sache das Schwierigste sein. Ein Teil von uns glaubt nämlich, das Wissen genüge, wie etwas funktioniert. Aber das stimmt nicht! Wenn man etwas gut tun will, braucht das viel Hingabe, Einsatzbereitschaft und Übung. Etwas verstehen ist einfach. Es aber gut zu tun ist der einzige Beweis der Meisterschaft.

Was ist Meisterschaft?

Etwa vor zwei Jahren schlug mein Führer vor, ich solle wieder Golf spielen. Ich hatte 15 Jahre lang nicht mehr gespielt, weil ich einen solchen Wettbewerbsgeist entwickelt hatte, daß das Spiel mir keine Freude mehr machte. Das Wichtigste, was ich daraus gelernt habe – außer einfach wieder spielen zu lernen –, war, welche Hingabe eine solche Meisterschaft erfordert. So kann ich beispielsweise viele Bücher über das Golfspiel lesen; ich kann Videos anschauen und mir die Technik der anderen ansehen; ich weiß, wie wichtig es ist, daß ich den Ball im Auge behalte und mit einem leichten Schwung spiele: Das alles und viele andere Techniken kenne ich. Ich weiß, welche Folgen die Nichtbeachtung dieser einfachen Regeln hat. Aber zeigen, was ich gelernt habe, kann ich nur, indem ich auf einem Golfplatz Golf spiele.

Wie sonnenklar es mir auch ist, daß ich den Kopf ruhig halten, den Schläger langsam schwingen und den Ball voll treffen muß, so kann doch ein Teil von mir plötzlich die Kontrolle übernehmen und mich unter Druck das Gegenteil tun lassen. Ich sage mir etwa: »Langsam, schau den Ball an, dann wirst du gut spielen«, und dann kommt ein langes Par vier mit einem Wasserhindernis. Der Wind kommt auf, bläst mir ins Gesicht, und ich fange an, mich zu fragen, ob ich mit dem zweiten Schlag wohl bis aufs Grün komme. Allen meinen Vorsätzen zum Trotz werde ich unsicher. Da schlage ich ab, zu hart und zu schnell. Natürlich verfehle ich das Ziel. Nur wenn ich die Grundsätze des Golfspiels in jeder Lage beherrsche, erlange ich die Meisterschaft. Es gibt kein anderes Maß. (Der Vollständigkeit halber möchte ich hier noch anfügen, daß ich noch immer dabei bin zu lernen, ein Golfmeister zu werden...)

Spirituelle Meisterschaft erfordert Übung

Es ist außerordentlich wichtig, daß wir nach den Grundsätzen leben, die wir uns zu eigen machen. Sie zu verstehen ist nur der erste Schritt. Wird dem Verständnis zuviel Gewicht beigemessen, anstatt zu üben, so kann das zu Frustrationen und Ablehnung führen, weil Verstehen allein noch keine Vollendung bedeutet.

Wenn du etwas nicht ständig gut tun kannst,
hast du noch keine Meisterschaft erlangt.

Es ist wichtig, uns bewußtzumachen, wie wir unser Verständnis gebrauchen. Versuchen wir nur, zu verstehen, damit wir vorgeben können, wir hätten die Dinge in der Hand? Versuchen wir, zu verstehen, damit wir den Eindruck haben, wir könnten etwas, was wir eigentlich nicht können? Wissen, wie etwas funktioniert, kann uns ein falsches Sicherheitsgefühl vermitteln. Wenn dieses Wissen nicht mit der Fähigkeit einhergeht, die Aufgabe auch zu vollenden, wird es keine anhaltenden Resultate zeitigen und dann versagen, wenn wir es am nötigsten brauchen.

Nicht mehr aufs Verstehen angewiesen sein

Ich glaube nicht, daß ich vollkommen verstanden hatte, was das heißt, bevor ich 1988 ganz nach Las Brisas zog. Bis zu jenem Zeitpunkt hatte ich oft versucht zu verstehen, weshalb jemand etwas tat, damit ich ihm vergeben konnte. Das erschwerte mir das Vergeben sehr, weil es meistens unmöglich war, zu verstehen, weshalb jemand etwas tat.

Ein gutes Beispiel dafür ist die Situation, in der meine Frau Vikki und ich uns Anfang 1990 befanden. Bis dahin hatte es ihr Freude gemacht, mit mir zusammen im Zentrum zu arbeiten. Sie war es, die die Bücher und Papiere in Ordnung hielt. Außerdem arbeitete sie gern mit unseren Mitarbeitern zusammen, kümmerte sich um die Ankündigungen und sorgte für die Werbekontakte nach außen.

Während einer Vortragsreise teilte sie mir mit, daß sie mit ihrer Arbeit im Zentrum immer unzufriedener werde. Weshalb, wußte sie nicht, ebensowenig wie ich. Ich konnte mir überhaupt nicht vorstellen, wie wir das Zentrum ohne ihre Hilfe weiterführen sollten. Ich versuchte, sie zu verstehen, aber was sie sagte, schien keinen Sinn zu ergeben. Sie wußte nur, daß sie zum gemeinsamen Mitarbeitertreffen kommen und ihren ganzen Stapel Arbeit mit den Worten: »Ich gehe« hinwerfen wollte.

Weder sie noch ich fanden eine Lösung dieses Problems, weil niemand sonst da war, der ihre Arbeit tun konnte. Ich ermutigte sie trotzdem, zu tun, was sie fühlte, obwohl die Situation mir große Sorgen machte. Kurz darauf kündigte sie uns während des Mitarbeitertreffens und sagte: »Ich mache das nicht mehr. Wenn es getan werden muß, muß es jemand anders tun.«

Keiner von uns hatte vorausgeahnt, was dann geschehen sollte. Zwei weitere von unseren drei Mitarbeitern kündigten.

Ich geriet zunächst in Panik und versuchte, die Kündigungstermine so zu legen, daß wir neue Mitarbeiter finden konnten. In meinem Inneren aber hörte ich: »Es ist alles in Ordnung. Versuche nicht, jemanden zurückzuhalten, wenn er gehen will. Alles, was du brauchst, wird dir geschickt.« Zwei Leute gingen also, und wir sprangen alle ein. Vikki übernahm zum Teil ihre alte Arbeit wieder, aber jetzt schien es ihr nichts mehr auszumachen. Was ihr am meisten zugesetzt hatte und was sie damals nicht klar formulieren konnte, war die unzufriedene Stimmung gewesen, die von den beiden Mitarbeitern ausging, die sich nicht getraut hatten, zu kündigen, aber eigentlich hatten gehen wollen.

Weil Vikki bereit gewesen war, ihre Gefühle ernst zu nehmen, wurden auch sie sich über die ihren klar. Sogar mir fing es langsam an zu dämmern, daß ich das Zentrum nicht mehr leiten wollte. So führte dieser Vorfall also dazu, daß wir so weit waren, die Leitung abzugeben und das Zentrum anderen zu überlassen.

Kurz darauf kam ein Paar zu uns. Ein Zentrum zu leiten war schon immer ihr Traum gewesen. Sie übernahmen nun die Verantwortung, und wir gingen auf eine Weltreise. Als wir zurückkamen, war es klar geworden, daß Vikki und ich uns aufs Schreiben und die Vorträge konzentrieren und das Zentrum anderen überlassen sollten. Heute, ein Jahr später, ist jenes Paar bereit, seine Beziehung zum Zentrum wieder zu verändern.

Zur Zeit weiß niemand, was geschehen wird. Was wir wissen, ist, daß wir unsere gegenseitigen Erwartungen aufgeben müssen. Wir müssen bereit sein, unseren inneren Führer immer wieder zu fragen: »Und jetzt, was soll ich jetzt tun?« Wir können nicht in einem Gewohnheitstrott steckenbleiben, nur weil wir uns dazu verpflichtet fühlen. Unsere erste und einzige Verpflichtung ist die, die wir Gott gegenüber haben. Das heißt, daß wir nach Seinem Plan für unser Glück und nicht nach unserem oder dem irgendeines anderen Menschen leben sollen.

Heute verstehe ich überhaupt nicht mehr, was geschieht. Das einzige, was ich weiß, ist, daß ich jeden Menschen unterstützen werde, das zu tun, was er tun muß und will, und daß ich in mich gehe und frage, was ich tun soll. Wenn ich versuche, etwas zu verstehen, behindere ich nur das Leben bei seiner wunderbaren Entfaltung. Wenn ich mir in all diesen Veränderungen meine unterstützende Haltung bewahren und einigermaßen friedlich dabei bleiben kann, fange ich an, die perfekte Tätigkeit für jeden Beteiligten zu sehen, mich eingeschlossen. Diese wichtige Veränderung, die sich zur Zeit in unserem Leben abspielt, ist die leichteste, seit ich mit dem *Hören* angefangen habe, auch wenn sie manchmal eine totale Hingabe verlangt, die gelegentlich Ängste in mir auslöst. Jedesmal wird von uns verlangt, daß wir noch ein bißchen weiter gehen.

Verstehen ist nicht Vergeben

Wenn wir eine Situation verstehen, so empfinden wir vielleicht eher Liebe und Mitgefühl als Ärger. Möglicherweise meinen wir auch, wir hätten dem anderen vergeben, weil wir die Situation verstanden haben. Womöglich meinen wir, Verstehen und Vergeben sei dasselbe. Das zeigt aber nur, daß wir uns nicht mehr über jemand ärgern, wenn wir sein Verhalten berechtigt finden. Vielleicht haben wir auch Schuldgefühle, weil wir auf etwas reagieren, was jemand getan hat und was uns nicht gefällt. Möglicherweise geloben wir, daß wir nie wieder in Wut geraten wollen. Und dabei haben wir gar nicht vergeben. Warum? Weil die Vergebung nicht voraussetzt, daß wir eine Situation verstehen. *Annehmen* ist Vergebung ohne Verstehen oder Rechtfertigung.

Wenn wir etwas verstehen wollen, damit wir vergeben können, wird der nächste, der uns zusetzt, uns wieder wütend machen. Und wenn wir dann nichts in Erfahrung bringen, was ihn rechtfertigt, kann es schon sein, daß wir uns weiterärgern. Dann nehmen wir die Geschehnisse jedenfalls nicht an und lieben diesen unseren Nächsten nicht. Solange wir aber nicht annehmen, haben wir die Vergebung nicht in die Tat umgesetzt. Wir haben nur zu verstehen versucht. Die einzige wirklich wirksame Vergebung hat mit Verstehen gar nichts zu tun.

Die annehmende Haltung

Die Vergebung braucht nicht zu rechtfertigen, was geschieht, damit wir es annehmen können. Eine wirksame Vergebung, die uns Frieden bringt, erkennt den anderen als vollkommen an. Sie akzeptiert das Geschehen als einen vollkommenen Teil in der Entfaltung von Gottes Plan. Sie weist alle anderen Ansichten oder Meinungen zurück. Dabei spielt es keine Rolle, ob die Situation mit unseren Plänen, Beurteilungen oder Vorstellungen, wie die Dinge sein sollten, übereinstimmt oder nicht. Mit dem Annehmen geben wir es auf, etwas verstehen zu wollen. Wir nehmen einfach an und lieben. Wir hören hin und warten auf Klarheit. Mit einer annehmenden Haltung sehen wir alle Menschen und Handlungen so, daß sie keine Veränderung, Berichtigung und auch kein Verständnis von uns brauchen. Das einzige, was nötig ist, ist Liebe.

Einer der wichtigsten Menschen, dem wir so vergeben und den wir so annehmen sollten, sind wir selbst. Wir brauchen uns nicht zu verstehen, Dinge in uns in Ordnung zu bringen oder uns zu rechtfertigen. Wir müssen uns aber so annehmen, wie wir sind, und dann hinhören. Wir sollten sogar die Tatsache annehmen, daß es uns manchmal schwerfällt, uns anzunehmen. Nimm das einfach an, und höre hin.

Das Wissenwollen aufgeben

Wenn wir unser Wissen- und Verstehenwollen aufgeben, überwinden wir auch die Vorstellung, man könnte uns verletzen oder behindern. Wir öffnen uns der Führung, die uns versichert, daß wir am richtigen Ort sind und daß alles gut ist. Dadurch, daß wir unsere Erwartungen loslassen, dämmert die *immerwährende Wahrheit* in uns auf. Schau und Weisheit werden uns als Klarheit und eine neue Perspektive zuteil. Das unterscheidet sich grundlegend vom Verständnis. Wir nehmen Verbindung mit einem tiefinneren Wissen auf, das keinerlei Informationen über Einzelheiten, Beweggründe und Handlungen irgendeines anderen Menschen erfordert. Dadurch, daß wir einen anderen nicht mehr unbedingt verstehen wollen, entfernen wir, was uns daran gehindert hat, den eigentlichen Grund unserer Verstimmung zu erkennen. Wie gesagt:

Der Grund für unseren Ärger oder unsere Enttäuschung über andere ist immer eine verkehrte Annahme über uns selbst. In dieser verkehrten Annahme sehen wir uns als begrenzt und als nicht liebenswert an, und das stimmt nie.

Die Geschichte mit Gene

Nachdem die Gründer von Las Brisas eine Anzahlung geleistet und das Zentrum gekauft hatten, fanden sechs Monate lang zahlreiche Besprechungen statt. Bei diesen Treffen kam heraus, daß wir alle ein Zentrum bauen wollten, wobei wir uns aber über die Einzelheiten nicht einig waren. Ich war entmutigt, weil wir keine Fortschritte machten, und beschloß, zur Baustelle zu ziehen und mit dem Bauen dort anzufangen, wo es möglich war. Mein Führer hatte mir gesagt, daß alles, was wir brauchten, zu uns kommen würde. Wir machten uns viele Gedanken über die Konstruktionsmethoden, wo die Wände und wie groß die Zimmer sein sollten, wie wir das alles finanzieren sollten und etliches mehr.

Ein Mitglied unserer Gruppe störte mich besonders: Gene Bleecker. Später erfuhr ich, daß meine Ansichten ihn genauso gestört hatten. Wir schienen uns über nichts einig zu sein, besonders, was den Bau des Zentrums betraf und wie es aussehen sollte. Das war eigenartig, weil wir in allen übrigen Belangen die größte Achtung füreinander hatten und uns wirklich Mühe gaben, gute Freunde zu sein.

Die Situation wurde für mich so angespannt, daß ich beinahe physisch krank wurde, wenn ich wußte, daß Gene kommen und sich die Fortschritte beim Bau anschauen wollte. Es kam mir vor, als kritisiere Gene ständig alles, schlage immer vor, die Dinge anders zu machen, und, was am schlimmsten war, als schätze er überhaupt nicht, was ich tat. Ich betete, daß mir in dieser Situation geholfen werde, konnte aber meine Verstimmung nicht überwinden und meine Wahrnehmung, wie kritisch Gene doch war, nicht ändern. Wenn er sich doch nur ändern würde, dann wäre ich glücklich.

Schließlich war ich so verzweifelt, daß ich um Hilfe bat und meinem inneren Führer sagte, ich sei bereit, alle meine Vorstellungen über Gene aufzugeben. Ich wollte nur meinen Frieden. Es hatte einige Monate gedauert, bis ich soweit war. Da hörte ich: »Sei dankbar für Gene, und wenn du an ihn denkst, dann denk an alle seine guten Eigenschaften.« Das konnte ich versuchen.

Am Anfang fiel es mir sehr schwer. Ich konnte nur daran denken, wie bedrückt ich war. Dann fiel mir als erstes ein, daß Gene und ich immer in gute Restaurants gingen, wenn wir einander trafen. Dafür konnte ich dankbar sein. Ich konnte auch dankbar sein, daß er sich gut anzog und kompetent handelte. Dann erinnerte ich mich, wie freundlich und hilfreich Gene anderen gegenüber war. Es fiel mir ein, wie sehr er seine Frau liebte und achtete. Ich hielt mich buchstäblich an jedem guten Faden, den ich an Gene fand, wie an einer Rettungsleine fest.

Als ich das immer wieder übte, merkte ich plötzlich, wie Gene bei unseren Besprechungen am Schluß immer so etwas sagte wie: »Ich bin nicht damit einverstanden, was Lee vorhat, aber nachdem er ja hier oben am Bau arbeitet, meine ich, wir sollten ihn unterstützen.«

Ich weiß noch, wie erstaunt ich war, als mir das aufging. In Wahrheit war Gene genau umgekehrt, als alle meine Anschuldigungen es wahrhaben wollten. Es war, als wäre mir völlig entgangen, was eigentlich geschah. Gene war die ganze Zeit über so hilfreich gewesen, aber ich hatte das einfach aus meinem Bewußtsein ausgeschaltet.

Ich hatte mich daran gestört, daß er sich nicht genauso verhielt, wie ich es mir vorgestellt hatte. Dabei war er es am Ende, der das Projekt vorantrieb, wenn unsere Meinungen so auseinandergingen, daß alles stillzustehen drohte. Ich empfand ständig mehr Dankbarkeit für seine Hilfe und Unterstützung. Langsam fing ich an, die Dinge nicht mehr so zu sehen, wie ich sie haben wollte, sondern das wahrzunehmen, was eigentlich geschah. Da begann ich Gene wirklich zu schätzen.

Gene erzählte mir, daß er beinahe den gleichen Prozeß durchgemacht hatte. Auch ich hatte ihn ganz verrückt gemacht. Heute achten und schätzen wir einander sehr. Gene hat mir beim Herausgeben dieses Buches geholfen. Jetzt ist mir seine Ansicht sehr viel wert. Ich erwarte nicht von ihm, daß er mit allen meinen Gedanken einverstanden ist, aber ich weiß fraglos, daß mir seine treue Unterstützung und bedingungslose Liebe sicher sind. Jetzt erkenne ich ihn als meinen Bruder an, dem ich vertraue. Natürlich ist er das immer schon gewesen.

Endlich finde ich meinen Lehrer

Während meiner Gebete, die diesen Konflikt betrafen, las ich eines Tages im *Kurs in Wundern*: »Wenn der Schüler bereit ist, zeigt sich der Lehrer.« Ich war höchst gespannt darauf, wer mein Lehrer sein würde, und fragte meinen inneren Führer danach. Viele berühmte Namen schossen mir durch den Kopf, als ich auf die Antwort wartete. Die Antwort war: »Gene«. »Das soll wohl ein Witz sein«, dachte ich, »doch nicht Gene!« »Doch«, kam die Antwort. Und so war es.

Gene hat mir geholfen, eine wirkliche Einsicht in eine meiner liebsten falschen Überzeugungen zu erlangen. Diese Überzeugung hieß: »Ich bin nur dann liebenswert, wenn ich tüchtig bin.« Ich war überzeugt, ich sei um so mehr wert, je besser ich etwas tun konnte. Wenn ich hilfreich und daher wertvoll war, würden mich die Leute mögen und schätzen. Das war nur eine andere Spielart dessen, was ich in meinen Frauenbeziehungen über die »Identität« erfahren hatte.

Wie die meisten Menschen habe auch ich ein enormes Bedürfnis nach Anerkennung. Ich habe aber gelernt, daß meine Tüchtigkeit nichts mit meinem Wert zu tun hat, genauso, wie ich erfahren hatte, daß es mich Frauen gegenüber nicht liebenswerter machte, wenn ich die Rolle des starken Beschützers spielte. Erst jetzt sah ich ein, daß mein Drang nach Tüchtigkeit und Kompetenz mich nicht wertvoller machte, sondern daß ich dadurch eigentlich in einem Gefängnis saß, in dem ich mich durch meine beschränkten Vorstellungen selbst eingeschlossen hatte. Ich mußte daran denken, daß Gott mich gerade jetzt als vollkommenen Lee liebte und schätzte. Meine Bemühungen, tüchtig und talentiert zu sein, waren nur ein nutzloser Versuch, mir Liebe zu verschaffen. Ich brauche nichts zu beweisen oder zu tun, damit man mich liebt. Ich brauche mich nur das *sein* zu lassen, was ich bin. Ich brauche nur zu tun, was ich gerne tue. Und wenn ich Liebe und Freude ausdrücke, bekomme ich sie auch.

Finde deinen eigenen Lehrer

Welche Erleichterung! Gene half mir, das zu lernen, ohne daß er es merkte. Wie alle großen Lehrer tat er das einfach dadurch, daß er er selbst war. Wenn du wissen willst, wer gerade jetzt dein Lehrer ist, brauchst du dich nur zu fragen, wer dir gegen den Strich geht. Das ist dein Lehrer. Sei also dankbar, und laß ihn dir die Wahrheit zeigen.

Spirituelles Verständnis ist nicht nötig

Wir sind vielleicht bereit, unser Bedürfnis, wissen zu wollen, wie die Welt funktioniert, aufzugeben, aber können wir das mit unserem Bedürfnis nach spirituellem Verständnis auch tun? Ja, auch hier gilt: Wir brauchen nicht zu verstehen, wie Gott oder das Göttliche funktioniert. Ich glaube wirklich nicht, daß wir das in unserem jetzigen illusionären Zustand überhaupt können. Das Göttliche wirkt durch Gnade. Unser Verständnis ist weder eine Hilfe noch eine Behinderung für die Gegenwart und Wirkung der Gnade.

Der als Hilfe getarnte Angriff

Was wir sicher besser lassen sollten, ist, unser spirituelles Verständnis zur Rechtfertigung unserer Handlungen oder zur Manipulation anderer Menschen zu mißbrauchen. Wir sollten es nicht dazu benutzen, uns der Verantwortung für unsere Art des Umgangs mit anderen zu entziehen, etwa mit dem oft fälschlich dazu herbeigezogenen Satz: »Ich tue das nur zu deinem Besten.«

Um genau zu sein: Spirtuelle Einsichten sind sehr hilfreich, wenn wir sie auf unser eigenes Denken anwenden. Verwenden wir sie aber als Rechtfertigung für unsere Handlungsweise oder dafür, anderen zu sagen, was sie zu tun haben, obwohl sie uns gar nicht um unsere Hilfe gebeten haben, dann sind sie schlicht und einfach ein Angriff, egal, wie liebevoll wir zu sein vorgeben. Wenn wir das tun, sagen wir eigentlich: »Dank meiner spirituellen Einsichten sehe ich, daß du Hilfe brauchst. Daher bist du weniger als ich. Ich bin dein spiritueller Lehrer, und du ärgerst dich über mich, weil du nicht bereit bist, meine Rolle zu akzeptieren. Du solltest dankbar für meine Vorschläge und für meine Unterstützung bei deinem spirituellen Wachstum sein.«

Das ist ein Angriff, nicht Liebe. Es kann dich auch nur in der Phantasie zufriedenstellen. Jeder Mensch hat seinen eigenen inneren Führer, und der ist weder du noch ich. Wenn wir ohne dessen Einwilligung jemandes Lehrer sein sollen, werden wir uns dessen gar nicht bewußt sein.

Unerwünschter Rat

Es ist ganz normal, daß Anfänger auf dem spirituellen Weg von ihrem neuen Bewußtsein völlig begeistert sind. Sie erkennen, was sie gerade auf einer bestimmten Ebene lernen, als wahr an und meinen, es sei nun ihre Aufgabe, das allen mitzuteilen. Ich erinnere mich nur ungern und mit einiger Betroffenheit an jenen Abschnitt in meinem eigenen Leben.

Es ist einfach, Fehler bei anderen zu finden, aber viel unangenehmer, in unseren eigenen Gedanken danach zu suchen. Um mit Jesus, dem Christus, zu sprechen: Es kann vorkommen, daß wir so damit beschäftigt sind, den Splitter im Auge unseres Bruders zu suchen, daß wir keine Zeit haben, uns um den Balken in unserem eigenen zu kümmern.

Alle meine wunderbaren Lehrer der letzten paar Jahre waren sich nicht bewußt, daß sie es waren und mir halfen. Sie waren einfach sie selbst – zu meinem mehr oder minder großen Ärger.

Und wie kann man helfen und lehren?

Anstatt spirituelle Lehren von uns zu geben, wenn wir Probleme bei anderen sehen, setzen wir diese einfach in unserem eigenen Leben um. Wenn jemand uns direkt um Rat fragt, ist das etwas anderes. Wenn gerade du jemandem helfen sollst, wird er dich fragen. Bist du aber nicht sicher, ob du helfen sollst oder nicht, dann warte lieber ab, bis du ganz sicher bist, daß du gefragt bist. Wenn du dir dessen nicht sicher bist, dann bist du *nicht* gefragt. Das gilt für alles, auch für die Behandlung von einzelnen, für Gruppenheilungen, wenn man einen Rat gibt oder Einsichten vermittelt. Es gilt für jedes Eingreifen.

Wenn du sicher bist, daß du gefragt bist und deine Führung dir mitteilt, du sollest eingreifen, ist alles übrige leicht. Du gehst einfach nach innen und hörst hin, dann wird dir gesagt, was du tun sollst.

Und was geschieht, wenn jemand Hilfe braucht und die Grundsätze weiterhin verletzt, von denen wir wissen, daß sie richtig sind, und dieser Jemand nicht fragt? Bei mir sieht das dann so aus: Jemand anders ist verstimmt oder in Schwierigkeiten, und das stört mich. Das nimmt mich dann auch mit, weil ich sehe, daß ihm etwas fehlt (und das ist eine falsche Wahrnehmung). Daß mir selber der Frieden fehlt, ist ein Zeichen für mich, nach innen zu gehen, und um Führung für mich selbst zu bitten. Ich versuche nicht, das Problem des anderen zu lösen, sondern akzeptiere, daß ich ein Problem sehe. Da es mir dabei nicht wohl ist oder ich einen Mangel sehe, muß ich falsch wahrnehmen. Dann erinnere ich mich, daß ich die Wahl habe, den anderen mit einem Problem behaftet zu sehen (und genau so sieht es aus) oder ihn als meinen liebenden Freund zu sehen, der gekommen ist, um mich zu segnen (was scheinbar nicht der Fall ist).

Ich entscheide mich, den liebevollen Freund zu sehen, und bitte meine innere Führung um Hilfe, über das Äußere hinaus zur Wahrheit zu gelangen. Ich frage: »Worin liegt hier der Segen für mich?« Und dann? Dann schweige ich, höre hin und akzeptiere, was geschieht. Wenn mir während des Wartens Gedanken einfallen, die nicht friedlich sind, gehe ich nochmals nach innen und bitte um Klarheit und Frieden. Es kann sein, daß ich das längere Zeit tun muß; es kann aber auch sein, daß der Friede sich sofort einstellt.

Jedesmal, wenn ich jemand anderem gegenüber keine liebevollen und friedlichen Gefühle hege, jedesmal, wenn ich andere nicht als vollkommen und ganz und ohne jedes Problem erfahre, fange ich wieder damit an, daß ich die Wahrheit akzeptiere. Ich übe Geduld, weil ich weiß, wer sich um alles kümmert und was das Ergebnis sein wird. Es wird vollkommen sein. Am Ende sehe ich schließlich, daß wir beide vollkommen sind und alles gut ist.

Wenn ich so nach innen höre, höre ich gar mancherlei. Hier einige Beispiele dafür, was ich bei solchen Gelegenheiten zu hören bekommen habe:

»Was der andere tut, ist vollkommen; laß dich nicht durch den Schein täuschen.«

»Nimm deine Liebe nicht einfach deshalb zurück, weil sie scheinbar nicht erwidert wird.«

»Jedesmal, wenn du durch scheinbar fehlende Liebe bei einem anderen auf die Probe gestellt wirst, denk an alle seine wunderbaren Eigenschaften, und sei dankbar.«

»Laß die andern wütend sein, und geh nicht darauf ein.«

»Sag ihnen, daß dich das mitnimmt; sag ihnen, was du empfindest, ohne sie dafür verantwortlich zu machen.«

»Sie können dich nicht verletzen, und du kannst sie nicht verletzen.«

Manchmal habe ich eine oder mehrere solcher Botschaften gehört, wenn ich durcheinander und verletzt war. Wenn du meinen Vorschlag befolgst, wirst du bei jeder Gelegenheit das hören, was für dich völlig richtig ist, und dann brauchst du es nur noch zu tun. Ich habe immer Frieden gefunden, wenn ich nach dem Gehörten handelte.

Der Beweis

Wenn wir hören und annehmen und unserer Führung folgen, dann ist das der Beweis, daß es wirklich Führung war, daß wir mehr Liebe und Dankbarkeit allem gegenüber empfinden, einschließlich der anderen und uns selbst. Wir können das Ergebnis nicht durch Beweise außerhalb von uns verifizieren. Wir können nicht erwarten, daß sich die anderen ändern, als Bestätigung dafür, daß wir heil werden. Sie werden – vor allem kurzfristig – selten anders handeln, aber wie sie auf uns wirken, das wird sich sehr wohl ändern. Ihre Verhaltensweise wird uns nicht mehr stören. Wir werden an sie denken können und nur noch Liebe für sie empfinden. Wir wissen, daß sie tun, was sie tun müssen. Wir werden sie nicht mehr irgendwie ändern wollen. Die Heilung ist dann abgeschlossen, *wenn du nie mehr so wie früher auf sie reagierst.*

Das heißt nicht, daß wir ständig in ihrer Nähe sein oder aber sie meiden müssen. Sie werden uns einfach nicht mehr stören. Wenn sie um uns sind, gehen wir nach innen und sehen zu, daß wir friedlicher sind. Am Anfang kann es schon sein, daß wir noch nicht völlig in Frieden sind, aber wenigstens haben wir uns in diese Richtung begeben. Mit der Zeit werden wir ganz friedlich sein und Liebe für sie empfinden. Unsere Führung leitet uns vielleicht an, bei ihnen zu bleiben oder wegzugehen, aber niemals als Ausweg aus unserem schlechten Gefühl. Diese Veränderungen geschehen von selbst, ebenso wie die Heilung ohne unser Zutun eintritt.

Bei körperlicher Mißhandlung oder wenn die Lage so brenzlig wird, daß uns der Friede für unsere innere Arbeit verlorengeht, mag es schon nötig sein, daß wir anderswohin oder kurz weggehen, um uns eine kleine Ruhepause zu gönnen. Die eigentliche Heilung aber tritt dann ein, wenn wir aufhören, über uns nachzudenken, und den anderen so annehmen, wie sie oder er ist.

Einfach weglaufen heilt schwierige Situationen nicht. Das liegt daran, daß das Bedürfnis, heil zu werden, in unserem Geist zu Hause ist. Es ist so, wie man oft gesagt bekommt: »Wo du hingehst, bist du.« Du kannst nicht vor deinem Geist weglaufen oder dessen Gedanken dadurch ändern, daß du anderswohin gehst.

Manchmal hilft bei Angst oder Schmerz eine Distanzierung für kurze Zeit oder eine Ruhepause. Das gehört in dieselbe zweckdienliche Kategorie wie Pläne schmieden, Listen aufstellen oder sich Ziele setzen. Es ist nicht verkehrt, Dinge zu tun, die uns unseren Frieden wiederfinden lassen und unsere Ängste verringern. Von uns wird nur verlangt, es so gut zu machen, wie wir können. Wenn es für dich nötig ist, wegzugehen oder einen Kontakt zu vermeiden, um weniger Angst zu haben, dann tu es. Es hilft *niemals*, etwas weiterhin zu tun, was große Angst auslöst. Wir brauchen auf unserem Weg unseren Mut nicht zu beweisen. Du solltest dir allerdings darüber im klaren sein, daß solch eine zeitweilige Veränderung eine Situation nicht heilt und daß du immer wieder ähnliche Situationen erleben wirst, bis du anders darüber denkst. Sei immer bereit, nach innen zu gehen und deinen Führer um Anleitung zu bitten. Du wirst klare Anweisungen erhalten, ob du bleiben oder gehen, schweigen oder antworten oder sonstige Hinweise geben sollst. Die einzig wahre Antwort in jeder Lage ist immer: *nach innen hören.* Aber jetzt wollen wir uns anschauen, wie es sich mit der Kontrolle verhält und wie *Annehmen* uns hilft, über dieses Hindernis hinaus zur inneren Führung zu gelangen.

8
Annehmen ist
das Gegenteil von Kontrolle

Annehmen befreit aus dem Gefängnis der Kontrolle

Eines unserer Hauptprobleme ist die Kontrolle. Wir befürchten, verletzt zu werden, wenn wir nicht jede Situation unter Kontrolle haben. Fast alles, was wir im Lauf des Lebens lernen, zielt auf die Förderung unserer Fähigkeit ab, die Dinge unter Kontrolle zu haben. Sicherheit beschaffen wir uns am liebsten über Kontrolle. Weil wir überzeugt sind, unser Leben sei voller Gefahren, rufen unsere Ängste unsere Abwehrhandlungen auf den Plan. Die Angst nimmt viele Formen an, angefangen vom direkten Angriff bis zum Widerstand gegen Dinge, die wir nicht mögen.

Wir können die Kontrolle nicht dadurch in die Hand bekommen, daß wir anderen die Schuld zuzuschieben versuchen und behaupten, wir seien im Recht. Solch eine passiv-aggressive Haltung scheint oft wenig Schaden anzurichten, aber sie ist trotzdem eine Form von Angriff. Die Kontrolle hat viele Namen, die scheinbar nicht negativ sind, etwa Ausbildung oder Besserung, Recht und Wiedergutmachung; sie kann sich auch einfach darin zeigen, daß man das tut, was

145

»erwartet« wird und »richtig« ist. Die Form spielt keine Rolle, ebensowenig wie der Name, den man der jeweiligen Handlung gibt. Wichtig ist nur die Absicht dessen, der sie ausübt.

Es gibt viele Arten der Kontrolle

Geht es dir nicht auch so, daß du dich erst dann anderen gegenüber wohl fühlst, wenn du etwas über sie weißt? Kannst du dir vorstellen, daß du dich wohl fühlst, wenn du die Kontrolle für immer aus der Hand gibst? Vermeidest du bestimmte Leute und Orte, damit du dich wohler fühlst? Na also, wir sind uns doch einig: Wir alle möchten die Dinge in der Hand haben.

Dieser Wunsch, jede Situation unter Kontrolle zu haben, gehört zu unserem Überlebenstrieb. Er kann uns allerdings zu sehr schlechten Entscheidungen verleiten und dazu, daß wir Dinge vermeiden, die nur zu unserem Segen da sind. Dieser Wunsch wurzelt in der Überzeugung, daß wir in einer feindlich gesinnten Welt leben und ständig auf mögliche Gefahren oder Angriffe vorbereitet sein müssen.

Vier Schritte zum Aufgeben der Kontrolle

Es ist nicht nötig, daß wir diesen Kontrollwunsch unterdrücken, aber wir können langsam darüber hinauswachsen, indem wir nicht darauf eingehen und sehen, daß er uns beschränkt.

Der erste Schritt
Wir müssen uns unsere wahren Angstgefühle eingestehen, die sich manchmal so äußern, daß wir andere beherrschen und ändern wollen. Wir müssen bereit sein, unsere Wünsche gera-

dewegs anzusehen und sie nicht dadurch zu überdecken, daß wir sie selbstverständlich und richtig finden. Wenn wir diesen Schritt versäumen, vergraben wir unsere Ängste nur noch tiefer.

Die Angst verleugnen nimmt sie nicht weg, sondern überdeckt sie nur eine Zeitlang. Eine Vogel-Strauß-Politik führt zu nichts. Die Angst kommt immer wieder, bis wir sie uns ansehen und überwinden. Jedesmal, wenn wir eine bestimmte Angst wieder anschauen müssen, sieht sie größer und erschreckender aus. Je früher wir sie uns also ansehen, desto besser. Wir brauchen sie nicht extra auszugraben, das ist nicht nötig. Wenn sie aber an die Oberfläche kommt, müssen wir sie zur Kenntnis nehmen und zugeben, daß es unsere eigene Angst ist, damit wir von ihr geheilt werden.

Der zweite Schritt

Wir bitten unseren inneren Führer um Hilfe. Die Grundidee ist: Sei still, und laß deinen angstvollen Geist hinter dir zurück. Das können wir tun, indem wir jeden Gedanken an das, was wir tun zu müssen glauben, aufgeben und jenseits der Angst einen stillen Ort der Offenheit aufsuchen. Es hilft, wenn man dabei zum unbeteiligten Beobachter wird; das beruhigt und glättet die emotionalen Wogen. Wenn wir ruhiger geworden sind, tauchen Gedanken auf. Wir beobachten sie einfach wie einen Film und sehen uns an, wie die Geschichte weitergeht. Mir hilft es, meine Gedanken so anzusehen, als würde ich einen Lochstreifen oder eine wandernde Leuchtreklame lesen. Wenn wir auch nur einen kurzen Moment lang Ruhe und Frieden verspüren und uns einer neuen Betrachtungsweise öffnen können, wissen wir, daß wir aufnahmefähig geworden sind. An dem Punkt ist der Film meistens aus, und wenn nicht, so ist wenigstens Pause.

Der dritte Schritt

Wir akzeptieren die Dinge so, wie sie uns erscheinen. Damit gehen wir direkt auf unsere Angst zu und überwinden sie schließlich. Wir lassen unseren Wunsch los, die Situation zu ändern, wenn auch nur einen Augenblick. Wir überlegen uns, daß wir möglicherweise nur zu unserem Besten in diese Situation geraten sind, auch dann, wenn sie uns gräßlich erscheint oder es so aussieht, als würde sie uns schaden. Wenn es uns gelingt, versuchen wir für irgendeinen Aspekt darin dankbar zu sein. Wir lassen unsere Meinung los, wir wüßten, was geschieht. Dann warten wir auf eine Einsicht. Das ist nicht Denken oder Verstehen. Es ist ein Sehen mit neuen Augen, eine neue Sichtweise.

Der vierte Schritt

Wir warten nur darauf, geführt zu werden. Und wie wissen wir, ob es Führung ist? Wenn du diese Frage stellst, ist es wahrscheinlich keine. Du weißt, daß du geführt wirst, wenn du die Dinge in einem neuen Licht siehst und sagen kannst: »Ach klar!« Und dann fühlst du dich sicher und in Frieden.

Wenn du das Ergebnis schon kennen willst, bevor du den nächsten Schritt tust, dann ist das nur ein weiterer Versuch, die Kontrolle zu behalten. Wenn wir an irgendwelche langfristigen Folgen denken, bekommen wir gewöhnlich nur noch mehr Angst. *Hören* wir aber, so werden wir ganz ruhig und sehen den nächsten Schritt ganz deutlich.

Eines Tages fragte ich meinen inneren Führer, weshalb die Anleitung immer nur Schritt für Schritt erfolgt. »Könntest du mir nicht ein paar Tage im voraus sagen, was geschehen wird? Manchmal würde ich mich dann sicherer fühlen.« Darauf meinte er: »Lee, ich würde es dir gerne früher sagen. Täte ich das aber, so würdest du einfach versuchen, dabei mitzuhelfen. Weißt du, ich brauche deine Hilfe wirklich nicht. Sie würde die Dinge nur verzögern.« Er hat ja sicher recht. Ich helfe doch so gern, auch wenn ich nicht weiß, wie.

Das wichtigste aber ist: Wenn wir wissen, daß wir geführt werden, sollten wir auch nach dem Gehörten handeln und den nächsten Schritt tun. Nur dann gelingt es. Wenn wir zum Beispiel hören, daß wir warten oder nichts tun sollen, dann müssen wir auch warten und nicht versuchen, die Dinge zu beschleunigen, oder herumrennen und eine neue Lösung suchen.

Funktioniert Kontrolle?

Schauen wir uns doch diesen Kontrollwunsch einmal ehrlich an. Hat die Beherrschung der Dinge in vergangenen Situationen wirklich funktioniert, oder hast du andere Menschen tatsächlich in der Hand gehabt? Und wenn nicht, weshalb meinst du dann, deine weiteren Versuche würden gelingen? Wenn du versucht hast, das Heft in der Hand zu behalten, hast du dann die Situation und was zu tun war richtig eingeschätzt? Ich meine nicht nur für dich, sondern für alle Beteiligten. Haben sich nicht viele Dinge, die dir am Anfang gegen den Strich gegangen sind, als ein versteckter Segen erwiesen? Und wie oft hast du es dir anders überlegt? Wenn du wirklich Herr der Situation wärst, würdest du dann wirklich wissen, was für alle das Beste ist? Hast du nicht viele widersprüchliche Wünsche, wie etwas ausgehen sollte? Weißt du überhaupt, was das Beste für dich ist?

Wenn du das nächste Mal das Heft nicht aus der Hand geben willst, dann schau dir diese Wünsche doch einmal ehrlich an, und bedenke alle Folgen, und dann frag dich, ob du die Dinge immer noch selber bestimmen willst. Sei dir der Tatsache bewußt, daß solch ein Wunsch größtenteils daher rührt, daß wir eine Phantasie wahrmachen wollen. Wie eine Situation wirklich aussieht, unterscheidet sich aber oft stark von unseren Phantasiegebilden, die entweder nie gewesen sind oder nie eintreffen können.

Wenn wir uns diesen Wunsch nach Kontrolle näher ansehen, so verliert er viel von seinem Reiz; oft kann er dann einfach aufgegeben werden. Gerade das ist aber nötig, um die Dinge nach und nach so anzunehmen, wie sie sind. Wir brauchen sie nicht zu mögen, um sie annehmen zu können. Wir brauchen bloß zu bezweifeln, daß unsere Lösung besser wäre. Dann haben wir die Offenheit erreicht, um beobachten zu können, was wirklich abläuft, und können dabei friedlich bleiben. Sogar unter Druck können wir unseren Kontrollwunsch einen Augenblick lang aufgeben, um *anzunehmen* und zu *hören*. In Wahrheit ist jede Situation ein potentieller Segen.

Am Rand der Ungewißheit

Wenn wir *annehmen*, was ist, kann es schon sein, daß wir nicht wissen, was wir tun sollen, und wir brauchen uns auch gar nichts auszudenken. Wir stehen am Rand der Ungewißheit im Vertrauen, daß uns eine sichere Quelle zur Verfügung steht. Diese innere Weisheit und Kraft tritt dann in den Vordergrund, wenn wir uns zurückziehen und den Sicherheitsgurt der Kontrolle lösen. Er ist nämlich eigentlich gar kein wirklicher Sicherheitsgurt, sondern das Kettengeklirr der Kontrolle. Unsere Freiheit ist in den Worten Christi ausgedrückt: »Nicht mein Wille geschehe, sondern der Deine.«

Das Verlangen nach Kontrolle steckt hinter dem Gedanken: »Ich mag das nicht, so wie es ist, und möchte es anders haben.« Das klingt vielleicht etwas zu allgemein, aber ich habe festgestellt, daß dies für mich immer zutraf. Wenn ich mein Verlangen loslasse, Dinge, Orte oder Menschen – mich eingeschlossen – anders zu haben, öffne ich mich geistig für eine neue Perspektive.

Das Wesen des Annehmens

Die Fähigkeit, alles als vollkommen zu erfahren, ist nicht nur das Wissen oder Vertrauen, daß die Dinge gutgehen werden. Sie ist eigentlich die alltägliche Erfahrung, daß nichts existiert als Gott, das Göttliche, und daß Seine Vollkommenheit hier und jetzt überall ist. Wir haben die Fähigkeit zu sehen, daß keine Veränderung, Berichtigung oder Lektion nötig sind. Was nötig ist, das ist schon da und wird getan. Dann sind wir auch bereit und können kaum erwarten, die Kontrolle bei der nächsten Gelegenheit aufzugeben, um zu sehen, was wirklich geschieht. Es ist eine äußerst spannende und freudige Erfahrung. Alles ist neu und wunderbar und fällt uns als Segen ohne Ende in den Schoß. Wer möchte, daß das anders wäre?

Unsere Welt läuft nicht rund

Warum scheint die Welt nicht rund zu laufen, ehe wir nicht alles *angenommen* haben? Ich glaube, es gibt vier Gründe dafür:

Erstens sehen wir die Welt nur aus unserer eigenen Perspektive, die andere Menschen und Dinge außer acht läßt. Das gibt uns eine beschränkte und verzerrte Sicht der Menschen und Ereignisse; dazu ist es noch eine, die mit der Wirklichkeit Gottes, in welcher alle Dinge miteinander verbunden sind, nicht übereinstimmt.

Zweitens sehen wir nicht alle Aspekte oder Dimensionen dessen, was wir da beobachten. Meistens entgeht uns der spirituelle und wesentlichste Aspekt. Deshalb kümmern wir uns immer sehr um die Form der Dinge und sind uns selten des Inhaltes bewußt. Kurz und gut, wir sehen das Äußere, aber das Wesentliche des Geschehens entgeht uns. Wir sind so programmiert, daß wir nur das Materielle und Physische der Dinge und nicht ihren spirituellen Gehalt sehen.

Drittens wissen wir nicht, wer wir sind. Es ist uns nicht klar, daß wir spirituelle Wesen sind. Wir denken, wir seien nur physische, materielle Wesen, und beurteilen alles nur aufgrund dieser Annahme. Daher richten wir unser Augenmerk auf unsere körperlichen und weltlichen Bedürfnisse und schenken unserem ewigen, spirituellen Wohl wenig Beachtung. Weil wir aber in Wahrheit spirituelle Wesen sind, wird uns das Menschliche, Materielle und Beschränkte nie zufriedenstellen. Daß wir mit dieser Welt und ihren Verhältnissen nie zufrieden sind, heißt aber nicht, daß wir versagt haben, sondern ist ein positiver Schritt auf unsere spirituelle Wirklichkeit hin.

Viertens machen wir uns sehr viele Gedanken über die Zeit, meistens über die Zukunft und die Vergangenheit. Wir beurteilen alles aufgrund unserer vergangenen Erfahrungen, wie wir sie in Erinnerung haben. Dann gehen wir mit einer Einstellung an die Zukunft heran, die sich immer auf diese vergangenen Erinnerungen bezieht, obwohl diese nie genau sind. Das führt dann wiederum dazu, daß wir mangelhafte Vorstellungen wiederholen und alles zurückweisen, was unserer Wahrnehmung widerspricht.

Diese Welt läuft wegen unserer Sichtweise und Wahrnehmung nicht rund. Wir legen einen falschen Maßstab an, und das kann nur zu fehlerhaften Ergebnissen führen. Die Welt ist kein festes Etwas, sondern paßt sich unseren Auffassungen an. In unserem gegenwärtigen Zustand haben wir beschränkte Auffassungen. Die einzige nötige Veränderung betrifft diese Auffassungen.

Die Landkarte

Dafür hat mir mein Führer eine anschauliche Darstellung gegeben. Er machte mich darauf aufmerksam, daß alle Karten und Pläne Gegenden von einem höhergelegenen Standpunkt aus darstellen, als wie wir sie mit unseren Augen am Boden erfassen können. Auf einer Karte sehen wir Länder und Meere wie von einem Flugzeug aus.

Dann hat mich mein Führer an meine Segelerfahrungen erinnert. Vom Meer aus sieht eine Inselgruppe oder eine Reihe von Felsen oft wie festes Land aus. Der Lotse kann die Wasserstraßen zwischen den Inseln nicht immer sehen. Wenn er aber die Karten anschaut, sieht er genau, wie die Fahrstraßen verlaufen und wie er zwischen Land und Felsen navigieren muß.

Hören ist wie eine Landkarte anschauen. Es gibt uns eine Sicht von einem höheren Standpunkt aus. Es zeigt bei Hindernissen und Gefahren deutlich, wohin der nächste Schritt führt. Der Lotse verwendet seine Karten und stellt nicht in Frage, daß es einen freien Durchgang gibt, auch wenn es aussieht, als sei jedes Weiterfahren gefährlich. So bringt der erfahrene Lotse, der sich auf seine Karten verläßt, die ihm eine Perspektive aus höherer Warte vermitteln, sein Schiff sicher in den Hafen.

Hören führt für alle, die es praktizieren, zum selben Ergebnis. Es verändert nicht eigentlich, aber es vermittelt uns eine umfassendere Sicht der Situation: Klarheit, Weisheit und wahre Schau. Wenden wir es an, so können wir sicher weitergehen, wo scheinbar Hindernisse und Gefahren drohen.

Der spirituelle Trip

Es ist nicht alles spirituell, was wir für spirituell halten. Des öfteren ist spirituell das genaue Gegenteil von dem, was es nach unserer Ansicht sein sollte. Diese Binsenwahrheit habe ich einst anläßlich einer Vortragsreise im Nordwesten der Staaten erfahren. Es war einer meiner ersten Versuche, meine gegenwärtigen Erfahrungen anderen mitzuteilen. Damals hatte ich noch eine kleine Werbeagentur, dank der ich meine Lebenskosten bestritt, aber ich konnte einige Zeit im Jahr herumreisen und Vorträge halten, wenn die Beiträge meiner Hörer meine Reisekosten deckten.

Ich war recht stolz darauf, daß ich auf diesen Reisen von den Spenden leben konnte. Ich war mir der spirituellen Wahrheit bewußt, daß Gott für mich sorgte, und meinte zu wissen, wie sich diese Vorsorge manifestieren sollte.

Fast während der ganzen Reise waren die Spenden ganz ansehnlich, aber sie reichten nur gerade für meine Ausgaben, bis ich zur Unity Church in Tacoma kam. Dort gab ich einen Tagesworkshop, und am Schluß bekam ich eine Spende, die mir damals sehr großzügig erschien – etwa tausend Mark.

Als ich mich jene Nacht in meinem kleinen Wohnbus schlafen legte, dachte ich bei mir: »Wenn ich jede Woche eine solche Spende bekommen würde, könnte ich einfach nur Vorträge halten und meine Werbeagentur aufgeben.« Diese Möglichkeit versetzte mich tagelang in freudige Erregung; ich hatte das Gefühl, daß sich die Richtung abzeichnete, in die ich gehen sollte.

Als ich in Seattle ankam, gab ich dort abends einen Vortrag in einem Zentrum, das von Freunden geleitet wurde. Erst als alle gegangen waren, merkte ich, daß niemand Spenden für mich erwähnt hatte. Das kleine Spendenkörbchen war noch beim Ausgang – und leer. Das kam mir zwar irgendwie verkehrt vor, aber ich schüttelte das ab: »Naja, Gott sorgt ja für mich« und ging zu meinem Bus.

Aber ich hatte kein gutes Gefühl dabei. Ich versuchte, an etwas anderes zu denken, um meine Verstimmung loszuwerden. Statt dessen ging ein innerer Streit los: »Ich bin nicht wegen des Geldes wütend«, dachte ich, »sondern weil niemand auch nur daran gedacht hat, eine Spende anzubieten. Naja, ich kann ja schließlich umsonst bei meinem Bruder übernachten, so ist es also schon in Ordnung. Nein, es ist kein bißchen in Ordnung. Sogar ein Pfennig hätte mir ein besseres Gefühl gegeben. Sie schätzen mich einfach nicht. Ach, denk doch an die Spende in Tacoma. Alles gleicht sich aus. Nein, tut es nicht. Was da passiert ist, gefällt mir einfach nicht.« So ging das in einem fort, und ich fand keine Lösung. Schließlich fragte ich meinen Führer, was das alles sollte. Ich wurde immer ärgerlicher. Das ist immer ein sicheres Zeichen dafür, daß ich *hören* soll, was ich gewöhnlich so lange aufschiebe, bis nichts anderes mehr nützt.

Mein Führer sagte: »Was erwartest du denn, wenn du nicht um Spenden bittest?« Ich konterte mit lauter Ausreden, weshalb ich das nicht getan hatte: »Ich habe nicht darum gebeten, weil es nicht spirituell ist, Bedürfnisse zu haben. Und außerdem hätte der Organisator sich darum kümmern müssen.«

Darauf meinte mein Führer: »Das sind nicht die wahren Gründe, weshalb du nicht darum gebeten hast. Du tust das nicht, weil du nicht auf andere angewiesen oder jemandem verpflichtet sein willst. Das ist schon immer so gewesen.« Das stimmte allerdings. (Es ist wirklich nicht leicht, seinen inneren Führer hinters Licht zu führen.) Geben tat ich immer gern, aber Bekommen fiel mir mehr als schwer. Ich haßte das Gefühl, jemandem verpflichtet zu sein.

Es wurde mir klar, daß das ein Verhaltensmuster war, das mein ganzes Leben beeinflußt hatte. Ich wollte bei niemandem Schulden haben, weil es mir das Gefühl gab, ich sei kein ganzer Kerl. Und wenn ich etwas annehmen mußte, sogar wenn es nur ein Kompliment war, versuchte ich, es so schnell wie möglich mit einem größeren zurückzuzahlen. Geschenke bekam ich gar nicht gerne, vor allem deshalb nicht, weil womöglich irgendwelche Bedingungen daran geknüpft waren. Es wurde mir klar, daß mein Geben oft Hand in Hand mit dem Wunsch nach Überlegenheit ging. Ich hatte meine Großzügigkeit immer als etwas Gutes angesehen, aber jetzt sah ich auch, daß sie den Wunsch nach Absonderung enthielt. Es war ein Schutz, den ich brauchte, um mich sicher zu fühlen.

Mein Führer nutzte meinen ausgeprägten Wunsch, zu geben, um mich dazu zu bringen, das weiterzugeben, was ich über das Hören lernte. Das ist übrigens noch etwas, was ich feststellen konnte: Mein Führer nutzt sowohl meine »guten« wie auch meine »schlechten« Eigenschaften. Er hat mir gesagt, er könne alles brauchen. Meistens erlebe ich, daß er das verwendet, was ich selbst zu meinen schlechten Eigenschaften zähle. Ich bin ganz sicher, daß er mein sexuelles Verlangen sehr oft in meinem Leben zu meiner Führung eingesetzt hat. Jetzt verwendete er meinen zwanghaften Wunsch zu geben, um mich dazuzubringen, anderen etwas über das Hören mitzuteilen.

»Und was soll ich jetzt tun«, wollte ich weiter von meinem Führer wissen. Da hörte ich:»Jedesmal, wenn du einen Workshop gibst oder einen Vortrag hältst, ist es deine Sache, um Spenden zu bitten. Überlaß diese Aufgabe nicht anderen. Sag einfach allen Anwesenden: › Ich weiß, daß Gott für mich sorgt, aber das manifestiert sich durch euch. Wenn ich weiterhin herumreisen und Vorträge halten soll, brauche ich eure Unterstützung. Bitte gebt mir, was ihr möchtet; jede Gabe ist sehr willkommen. ‹« Dies oder etwas ähnliches habe ich dann über ein Jahr lang jeweils gesagt. Es fiel mir sehr schwer. Die Organisatoren waren immer sehr erleichtert, die Verantwortung für die Spendenbitte los zu sein. Manche Leute haben sogar die Bitte um Spenden oder Bezahlung ihrer Arbeit anders betrachten können, nachdem sie meine Geschichte gehört hatten. Ich bin einer davon. Jetzt verlange ich immer den Betrag, den mir meine Führung angibt.

Geben und Nehmen

Die ganze Zeit hindurch erinnerte mich mein Führer ständig daran, daß Geben eine Freude für mich war. »Wenn du nicht annimmst, läßt du den anderen keine Möglichkeit, Freude am Geben zu haben«, sagte er. Kurz nach jenem Vorfall in Seattle bekam ich ein anderes Puzzlestück, das zum Spiel des Gebens und Nehmens gehörte.

In Oregon wollte ein junger Mann eine persönliche Beratung haben. Bevor wir anfingen, wollte er wissen, was ich verlangte, und sagte, er habe nicht viel Geld. Ich versicherte ihm, wir würden schon eine Lösung finden, die für uns beide stimmen würde. Während der Beratung kam heraus, daß sein Hauptproblem mit Mangel und Fülle zu tun hatte. Ich weiß nicht mehr, was er alles sagte, aber ich weiß noch, wie ich am Ende der Sitzung davon überzeugt war, daß er jetzt um seine unendlichen Schätze wußte. Dann fragte er mich, wieviel er mir schuldete. Ich sagte ihm, mein innerer Führer habe mir gesagt, wir sollten beide darüber meditieren, wieviel Geld von seiner in meine Tasche wandern sollte. Wir sollten beide still sein und uns der unendlichen Fülle öffnen, die uns zur Verfügung stand, und erkennen, daß Geben und Empfangen dasselbe sind. Vielleicht sollte er mir etwas geben oder ich ihm. Wir würden fragen und danach das tun, was wir gehört hatten. Er war einverstanden und fand, das sei eine sehr gute Idee.

Wir machten beide die Augen zu, und als wir sie wieder öffneten, fragte ich ihn, ob er gehört hatte, was er tun solle. Ich hatte nichts gehört, als daß ich mir die unendliche Fülle ständig vor Augen halten solle. Er aber sagte: »Ja«, öffnete seine Brieftasche und gab mir alles, was er hatte, nämlich einen Zehndollarschein. Ich holte tief Luft und wollte gerade sagen: »Nein, nein, das ist zu viel, gib mir nicht alles, was du hast«, als mich mein Führer ermahnte, still zu sein und daran zu denken, daß die Fülle um uns unendlich ist. So nahm ich also seine letzten zehn Dollar und erkannte, daß wir beide auf wunderbare Weise Heilung erfahren hatten.

Meine Rolle war es, zu empfangen und zu wissen, daß ich ihn dadurch in keiner Weise arm machte. Indem ich das Geld annahm, bewies ich, daß ich wußte, daß wir aus einer unendlichen Fülle schöpften. Indem er gab, bewies er, daß er um die gleiche Wahrheit wußte. In diesem Fall war es nicht einfach gewesen, zu nehmen. Es wäre eigentlich viel leichter gewesen, ihm Geld zu geben. Dadurch hätte ich allerdings seine Bedürftigkeit anerkannt und kein Vertrauen in den Überfluß bewiesen, der uns zur Verfügung steht.

Was ich mit diesen beiden Geschichten sagen will, ist, daß wir meistens gar nicht wissen, was wirklich spirituell geschieht.

Diese materielle menschliche Welt wird nie funktionieren. Gott sei Dank können wir das auch aus eigener Kraft gar nicht schaffen. Nur wenn wir *annehmen*, können wir sehen, daß alles vollkommen ist.

9
Ausblick

Was bei dem ganzen Prozeß der Veränderung am meisten ins Auge fällt, ist die Einheit. Ich stelle fest, daß andere zur rechten Zeit in mein Bewußtsein treten und zur rechten Zeit wieder weggehen. Diese zeitliche Übereinstimmung hat nichts mit meinen Wünschen zu tun, sondern stimmt mit den wirklichen Bedürfnissen aller Beteiligten überein. Wir sind nie wirklich voneinander und von unserer Quelle getrennt oder ihr fern; es sieht nur körperlich so aus. Ich fange erst an, einen Schimmer von dieser Wirklichkeit zu bekommen und ihr zu vertrauen. Wenn ich das aber tue, dann erfahre ich die Verbindung, an der wir alle teilhaben.

Inzwischen habe ich gelernt, niemanden an mich zu binden oder wegzuschicken, nur weil ich ein Bedürfnis dazu verspüre. Ich bin fur Veranderungen bereit und kein trauriger Teilnehmer mehr, sondern nehme die jeweilige Veränderung an und versuche nur mit Liebe darauf zu reagieren. Langsam fange ich an, die Distanz zwischen meinem »Ich« und den »anderen« zu vermindern. Der nächste Schritt, *Sein*, der letztes Jahr begonnen hat, beinhaltet die Verringerung der Distanz zwischen meinem »Ich« und dem anderen Teil in mir, dem »Christus«.

Sein

Jetzt, wo ich dieses Buch abschließe, kann ich euch berichten, daß Vikki und ich Ende 1990 und 1991 angefangen haben zu *sein*. Ich habe keine Ahnung, was als nächstes geschehen wird. Wir sind angewiesen worden, uns »keinerlei Gedanken zu machen«, wo wir wohnen, wie wir uns ernähren oder was wir tun sollen.

Sein ist eine große Herausforderung. Dabei wird von mir nicht verlangt, daß ich keine Bedürfnisse mehr habe. Aber es wird verlangt, daß ich mir »keine Gedanken mache«, um diese Bedürfnisse aus eigener Kraft zu befriedigen. Normalerweise würde ich so reagieren, daß ich mir Sorgen mache und meine Zukunft vorausplane. Meine Gedanken haben sich in der Vergangenheit vorwiegend darum gedreht, wie ich meine Bedürfnisse befriedigen kann. Das ist eine vergebliche Mühe. Ich könnte meine Zeit besser damit verbringen, mich an dem zu freuen, was jetzt ist, und all der Freude und des ganzen Glücks gewahr zu werden, die jetzt da sind. Wie oft geht mir die Freude dadurch verloren, daß ich mir Gedanken mache? Kann ich jetzt mein Geburtsrecht als spirituelles Wesen in Anspruch nehmen? In meinem Innersten weiß ich, daß die Antwort »ja« ist, aber habe ich den Mut, mich in meinen Handlungen nur auf diese Antwort abzustützen?

Eigentlich sind Hören, Annehmen und Sein eins

Jetzt ist das Annehmen abgeschlossen, und das Sein hat angefangen. Wenn auch das abgeschlossen ist, werde ich euch erzählen, wie es uns dabei ergangen ist. Eigentlich gehören *Hören, Annehmen und Sein* zu einer einzigen Idee, nämlich der Einheit. Sie kommen mir nur verschieden vor, weil sie mir jetzt als getrennte Hilfen bewußt werden. Alles Bewußtsein ist letzten Endes Einheit. Ich erzähle euch gerne, welche Prozesse in mir ablaufen, weil sie mir dadurch klarer werden. Jetzt verabschiede ich mich von euch mit diesem Gedanken über die Einheit:

Die Einheit

Es gibt *einen* Geist, *ein* Leben, *eine* Wahrheit, *eine* Liebe. Alles ist Teil der *einen* Schöpfung. Alles ist miteinander verbunden, und alles ist gleich. In Gottes Wirklichkeit gibt es nur ein vollständiges Integriertsein und eine totale Kommunikation, die sich als Liebe, Wahrheit und Leben ohne Gegensätze ausdrücken. Die scheinbare Trennung ist unser einziges Problem. Uns mit unserer Quelle zu verbinden ist der einzige Weg. Wir *hören* nach innen, um uns dieser Verbindung bewußt zu werden. Alles, was auf uns zukommt, *nehmen wir an*. Es ist nur Liebe, und das ist das einzige, was wir *sein* können.

Bis wir einander wieder begegnen, verbeuge ich mich vor deinem Streben nach spirituellem Bewußtsein, weil du diese Mühen für alle auf dich nimmst.

Gott segne dich.

Glossar

Gott

Wenn ich »Gott« sage, meine ich damit die immer gleichblei-
bende, liebende, schöne und freudige Quelle allen Lebens und
Seins. Diese Quelle drückt sich in ewigen Grundsätzen aus,
die unter allen Umständen gelten, ob spirituell oder materiell.
Gott ist nicht der Name der göttlichen Quelle, da diese sich
nicht in beschränkten Vorstellungen und Worten fassen läßt.
Manchmal brauche ich das Fürwort »Er« für Gott, aber
selbstverständlich ist Gott weder männlich noch weiblich,
sondern enthält alle Eigenschaften. Da Er Mann und Weib
nach seinem Ebenbild geschaffen hat, ist es offensichtlich,
daß beide Geschlechter gleichermaßen gemeint sind. Ich
könnte das Fürwort »Es« verwenden, aber ich erfahre Gott
nicht als das Unpersönliche, das in dem Wort steckt. Ein Begriff wie »Er/Sie« würde Widersprüche schaffen; das wäre
eine Verbindung, die mehr Kontroversen auslösen würde als
nötig. Solche Kontroversen sind ausgesprochen menschlich
und haben rein gar nichts mit dem Göttlichen zu tun. »Gott«
und »Er« sind kurze, herkömmliche Begriffe, die allgemein
bekannt sind. Deshalb finde ich sie sehr nützlich. Die Idee
einer grenzenlosen Quelle kann nicht in einem Namen oder
Geschlecht oder Begriff eingefangen werden, da diese ein Versuch sind, Dinge zu definieren und zu begrenzen. Als Men-
schenwesen denken wir in beschränkten Begriffen und verwenden diese eine Zeitlang, um anderen unsere Gedanken
mitzuteilen. Deshalb habe ich mich für diese Worte entschieden, um in Worten mitzuteilen, was sich nicht ganz mitteilen
läßt.

Die göttlichen Gesetze

Gottes Gesetze sind die einzigen Grundprinzipien, die stets und überall wirksam sind und weder gebrochen noch umgangen werden können. Sie bestimmen, wie die Schöpfung mit sich selbst in Verbindung steht. Es scheint sie zwar nicht zu geben, wenn wir sie übersehen, aber sie bestimmen stets, was ist. Es gibt keine Strafe, wenn man diese Gesetze nicht beachtet, da man sie gar nicht brechen kann. Sie sind dem Gesetz der Schwerkraft vergleichbar, deren Wirkung auf der Erde immer spürbar ist. Wenn du von einem Felsen in die Leere springst, fällst du immer. Beim Drachenfliegen sieht es zwar so aus, als würdest du dem Gesetz der Schwerkraft ein Schnippchen schlagen, aber am Ende landest du doch wieder am Boden. Du wirst nicht bestraft, wenn du versuchst, dich dem Gesetz der Schwerkraft zu entziehen. Wenn uns das Fliegen gelingen soll, müssen wir das Gesetz der Schwerkraft beachten. Die Gesetze Gottes wirken ebenso. Sie sind stets gegenwärtig und stets in Aktion. Um glücklich zu sein, sollten wir sie beachten.

Spirituell

Wenn ich spirituell sage, meine ich das, was ewig und unsichtbar ist. Liebe, Wahrheit und Leben sind Eigenschaften der unsichtbaren spirituellen Wirklichkeit, deren wir bewußt sind. Schönheit, Freude, Lachen, Zärtlichkeit und Mitgefühl bezeugen, daß es diese unsichtbare Macht gibt. Wie du in diesem Buch siehst, bezeugen auch Ärger, Haß, Mangel und Schmerz, daß das spirituelle Prinzip wirksam ist. Sie sind keine Mächte, sondern Signale. Ihre Gegenwart ist eine Warnung, daß wir das Bewußtsein unserer spirituellen Quelle verloren haben und versuchen, die Gesetze der Wirklichkeit zu übertreten. Was spirituell ist, ist ewig, unveränderlich und führt immer und unter allen Umständen zum selben Ergebnis. Was spirituell ist, ist die Wirklichkeit, so wie ich diesen Begriff verwende. Die Wirklichkeit ändert sich nie. Die Wirklichkeit ist das einzige, was es gibt. Sie ist die einzige Existenz.

Materiell

Das Materielle oder die Materie ist vorübergehend und verändert sich ständig. Das ist immer die Probe aufs Exempel. Wenn sich etwas verändert, dann ist es materiell, nicht spirituell. Das Materielle ist weder gut noch böse, es ist fließend und illusionär. So sollte es auch wahrgenommen werden; man sollte sich nicht darauf verlassen. Materielle Gesetze sind keine eigentlichen Gesetze, sondern Überzeugungen. Sie stellen die Vorstellungen ihres Urhebers dar, eines jeden einzelnen von uns. Wir sollten einsehen, daß es keine allgemeingültigen Überzeugungen gibt. Wir haben alle verschiedene Glaubenssätze, Vorstellungen und eine andere Wahrnehmung. Was für den einen Beobachter Schönheit und Wahrheit ist, ist es noch lange nicht für einen anderen. Weil das Materielle sichtbar ist, heißt das, daß wir nicht alle das gleiche sehen. Das Materielle ist keine Realität, sondern Dualität. Es kann jederzeit eine von zwei oder mehr Vorstellungen verkörpern. Das Materielle ist gut oder schlecht, je nachdem, ob es mit den Vorstellungen des Betrachters übereinstimmt. Was für den einen gut ist, kann für den anderen schlecht sein. Die Zeit ist auch nur eine materielle Vorstellung. Dein innerer Führer kann materielle Vorstellungen oder »Gesetze« dazu verwenden, dir in deinem spirituellen Gewahrsein beizustehen, und er kann sie verändern.

Christus

Mit dem Wort Christus meine ich den Sohn Gottes oder die Schöpfung Gottes. Die Schöpfung oder der Sohn des Grenzenlosen wurde nach Seinem Ebenbild geschaffen und ist unbegrenzt, weil seine Quelle göttlich ist. Der Begriff Christus ist der herkömmliche Begriff für ein spirituell erschaffenes oder göttliches Wesen. Das Göttliche drückt sich unaufhörlich sowohl in der Wirklichkeit wie auch in der materiellen Welt aus. Es hat viele gegeben, die der Idee des Christus in ihrem Leben Ausdruck verliehen haben, manche mehr, andere weniger. Einige haben den Begriff Christus nie verwendet, aber das, was er beinhaltet, in außergewöhnlicher Weise ausgedrückt. Wie sein Schöpfer ist auch Christus weder männlich noch weiblich, sondern beinhaltet in vollkommener Weise alle göttlichen Eigenschaften.

Jesus

Wenn ich an Jesus denke, so meine ich einen Mann, der in seinem Leben das, was Christus darstellt, so vollkommen verkörpert hat, daß er mit Christus synonym geworden ist. Er hat durch seine Lehren, sein Heilen und sein Mitgefühl bewiesen, daß er ein spirituelles Wesen war. Für mich ist Jesus ein vollkommenes Beispiel dafür, wie man ein spirituelles Leben lebt. Er hat den Beweis erbracht, daß wir alle »Gottessöhne« sind. Ich weiß, daß sich viele ein Bild von Christus machen, das mit Leiden, Opfer und Schuld zu tun hat. Es ist mir auch bewußt, daß manche Menschen Jesus nicht als den Christus akzeptieren können. Jesus ist nicht das einzige Beispiel eines göttlichen Sohnes. Vielleicht habt ihr andere Beispiele, die für euch stimmen, und das ist ganz in Ordnung. Die Form der Verbindung mit dem Göttlichen, die dir hilft, deine Göttlichkeit annehmen, sollst du auch verwenden. Für mich ist Jesus eine wunderbare Quelle innerer Führung und ein wunderbares Beispiel, wie ich leben soll. Deshalb erzähle ich auch manchmal, wie diese Vorstellung für mich bedeutsam wurde. Damit will ich nicht sagen, daß die Form, die das Göttliche für mich annimmt, irgendwie besser ist oder daß du sie auch übernehmen sollst. Im Gegenteil, ich finde, du solltest die Formen verwenden, die dich ansprechen, und dich nicht wegen Worten und Bildern verrückt machen. Die Grundidee ist wichtig, nicht das Etikett.

Die Vollkommenheit (die Wirklichkeit)

Die Vollkommenheit ist das, was ist. Sie ist die einzige Wirklichkeit. Sie ist Gottes Wirklichkeit. Das Vollkommene ergibt sich nicht aus dem Vergleich mit einem bestimmten Maßstab. Eine solche Idee der Vollkommenheit ist nur eine Form menschlicher Beurteilung. Da sich Beurteilungen aber ständig ändern, verändert sich auch der menschliche Maßstab für die Vollkommenheit ständig. Die wahre Vollkommenheit sieht die ganze Schöpfung als harmonisch an. Kein Baum, keine Blume, keine Landschaft ist vollkommener oder schöner als eine andere. Jede drückt sich vollkommen aus und verschmilzt mit den anderen zu einem vollkommenen Bild, sei es eine Meereslandschaft, eine Wüste, ein Berg oder eine Waldlichtung. Wahre Vollkommenheit vergleicht nicht. Sie feiert alles, was ist. Dieses vollkommene »Sein« erhält und gefällt uns immer. Vollkommenheit ist die Wahrheit der Schöpfung und die Schönheit hinter allen Formen. Wir beginnen in unserem Gewahrsein der Vollkommenheit damit, daß wir uns an unsere Verbindung mit dem Göttlichen wenden. Gott ist die

Quelle der Vollkommenheit. Die Schöpfung ist der Ausdruck der Vollkommenheit. Als Teil der Schöpfung sind wir alle vollkommen.

Der innere Führer
(die innere Führung oder Stimme)

Der innere Führer ist die innere Stimme, über die ich sowohl in diesem Buch wie in »Nach innen hören« berichtet habe. In der Bibel waren es die Engel, die zu den Propheten sprachen, oder der Heilige Geist, der den Jüngern Trost spendete. Er ist die »leise Stimme« im Inneren. Er ist immer bei uns, obwohl wir versuchen können, ihn zu verleugnen. Er nimmt unzählige Formen an und wird dir in der Form erscheinen, die du am besten akzeptieren kannst. Er braucht nur unsere Bereitschaft und unser Stillsein, damit wir ihn hören. Er führt uns und sorgt sich um uns, sogar wenn wir dessen nicht gewahr sind. Gewahrsein der Gegenwart unseres inneren Führers bringt Klarheit und Frieden. Er ist unsere ständige Verbindung mit unserer göttlichen Quelle. Diese Verbindung kann durch nichts, durch kein Ereignis und zu keiner Zeit unterbrochen werden. Allerdings können wir beschließen, nicht auf sie zu hören. Sie ist das Bindeglied zwischen dem Göttlichen und dem Menschlichen oder Materiellen.

Annehmen

Annehmen heißt zulassen, was ist. Annehmen heißt nicht, daß wir dem, was wir nicht mögen, zustimmen, noch brauchen wir etwas zu verstehen. Es ist eine Haltung der Nicht-Beurteilung und der Vergebung. Wie das »Hören« ist auch

»Annehmen« Bewußtheit und Gewahrsein. Annehmen will das aufdecken, was wirklich geschieht, und auflösen, was wir als Geschehen ansehen, auch wenn es nicht wirklich ist. Wir können die Wirklichkeit nur sehen, wenn wir unsere falschen Vorstellungen und Konzepte aufgeben. Hinter der Maske der Konflikte und des Schmerzes werden wir immer die Vollkommenheit finden. Annehmen offenbart uns – genau wie der Nebel, wenn er sich auflöst – das, was schon immer da war, was wir aber nicht gesehen haben. Es verändert nicht, aber es führt zu einem Gefühl der Klarheit und Befreiung. Annehmen muß mit der Bereitschaft zum Hören verbunden sein; es befreit uns von der Notwendigkeit, Veränderungen außerhalb von uns zu suchen. Außerhalb unseres Geistes gibt es keine wirklichen Veränderungen.

Zehn Hilfen zum Annehmen

1. Wenn ich verwirrt bin, kann ich nicht verstehen, was vor sich geht. Ich bin bereit, mich geistig allen Möglichkeiten zu öffnen und hinzuhören, um Klarheit zu bekommen. Das tue ich, ohne irgend etwas verändern zu wollen.

2. Was ich in meinem Leben oder in der Welt nicht mag, wird durch meine falschen Annahmen über mich selbst verursacht. Diese falschen Überzeugungen sind eigentlich Begrenzungen, auch wenn sie sich wie ein Schutz anfühlen. Sie hängen nicht mit anderen oder den Handlungen anderer zusammen, obwohl es so aussieht.

3. Wenn andere etwas tun, was mir nicht gefällt, kann ich entscheiden, meine Verstimmung dazu zu benutzen, falsche Annahmen über mich selbst aufzudecken. Der Knopf, den sie da drücken und der mich drückt, ist der Schlüssel zu meiner Klarheit und die Tür zu meiner Befreiung aus der Beschränkung.

4. Daher kann ich für ein solches Aufdecken dankbar sein, auch wenn das Drücken meiner Knöpfe sehr unangenehm ist. Es besteht eine direkte Beziehung zwischen einem solchen Knopf und einer falschen Annahme über mich selbst. Wenn ich sehe, wie falsch diese Annahme ist, und sie aufgebe, werde ich freier, und meine Fähigkeit zum Glücklichsein wächst.

5. Ich kann weder mich noch andere dadurch wieder ins Lot bringen, daß ich darüber nachdenke, weil das Problem in meinem Denken wurzelt. Ich brauche nur die Situation oder den Menschen anders anzusehen, damit sie anders auf mich wirken. Eine solche Veränderung tritt ein, wenn ich meinen inneren Führer um Hilfe bitte und meine eigenen Beurteilungen loslasse.

6. Ich brauche nie etwas zu verstehen, um lieben zu können. Ich brauche andere nur zu achten und zu ehren, ich muß sie nicht verstehen. Wenn ich das tue, lerne ich auch, mich selbst zu ehren und zu achten.

7. In meinem gegenwärtigen Zustand habe ich wirklich keine Macht, die Dinge dieser Welt unter Kontrolle zu haben. Mein Versuch, die Dinge zu beherrschen, ist bloß Einbildung. Die Liebe herrscht über alle Dinge, und deshalb besteht keine Notwendigkeit, etwas zu beherrschen.

8. Ich bin bereit, wenn auch nur einen Augenblick lang, meine Vorstellungen über das Geschehen aufzugeben und meinen Wunsch loszulassen, die Dinge unter meiner Kontrolle zu haben oder zu verändern; ich bin auch bereit, ein unbeteiligter Beobachter jeder verwirrenden Situation zu werden, die ich anscheinend erlebe. Wenn ich einen Augenblick lang still bin und wirklich hinhöre, weist mir Gott den Weg.

9. Ich weiß nicht, was für mich oder andere gut oder schlecht ist. Es ist mir klar, daß ich mich früher oft getäuscht habe, als ich beurteilen wollte, was richtig oder gut war. Ich bin bereit, meine Beurteilungen jeder Scheinwirklichkeit aufzugeben. Ich habe eine innere Quelle, die wirklich weiß und die mich führt. Wenn ich aufhöre zu urteilen, erkenne ich die Wahrheit.

10. Die Gesetze Gottes sind immer wirksam, was ich auch sehen oder denken mag. Wenn etwas in dieser Welt anders aussieht, ist es unwahr. Ich kann mich den Gesetzen der Gnade unterstellen, indem ich meine falschen Wahrnehmungen, Gedanken und Vorstellungen loslasse.

Merkzettel: Zehn Hilfen zum Annehmen

1. Wenn ich verwirrt bin, kann ich nicht verstehen, was vor sich geht. Ich bin bereit, mich geistig allen Möglichkeiten zu öffnen und hinzuhören, um Klarheit zu bekommen. Das tue ich, ohne irgend etwas verändern zu wollen.

2. Was ich in meinem Leben oder in der Welt nicht mag, wird durch meine falschen Annahmen über mich selbst verursacht. Diese falschen Überzeugungen sind eigentlich Begrenzungen, auch wenn sie sich wie ein Schutz anfühlen. Sie hängen nicht mit anderen oder den Handlungen anderer zusammen, obwohl es so aussieht.

3. Wenn andere etwas tun, was mir nicht gefällt, kann ich entscheiden, meine Verstimmung dazu zu benutzen, falsche Annahmen über mich selbst aufzudecken. Der Knopf, den sie da drücken und der mich drückt, ist der Schlüssel zu meiner Klarheit und die Tür zu meiner Befreiung aus der Beschränkung.

4. Daher kann ich für ein solches Aufdecken dankbar sein, auch wenn das Drücken meiner Knöpfe sehr unangenehm ist. Es besteht eine direkte Beziehung zwischen einem solchen Knopf und einer falschen Annahme über mich selbst. Wenn ich sehe, wie falsch diese Annahme ist, und sie aufgebe, werde ich freier, und meine Fähigkeit zum Glücklichsein wächst.

5. Ich kann weder mich noch andere dadurch wieder ins Lot bringen, daß ich darüber nachdenke, weil das Problem in meinem Denken wurzelt. Ich brauche nur die Situation oder den Menschen anders anzusehen, damit sie anders auf mich wirken. Eine solche Veränderung tritt ein, wenn

ich meinen inneren Führer um Hilfe bitte und meine eigenen Beurteilungen loslasse.

6. Ich brauche nie etwas zu verstehen, um lieben zu können. Ich brauche andere nur zu achten und zu ehren, ich muß sie nicht verstehen. Wenn ich das tue, lerne ich auch, mich selbst zu ehren und zu achten.

7. In meinem gegenwärtigen Zustand habe ich wirklich keine Macht, die Dinge dieser Welt unter Kontrolle zu haben. Mein Versuch, die Dinge zu beherrschen, ist bloß Einbildung. Die Liebe herrscht über alle Dinge, und deshalb besteht keine Notwendigkeit, etwas zu beherrschen.

8. Ich bin bereit, wenn auch nur einen Augenblick lang, meine Vorstellungen über das Geschehen aufzugeben und meinen Wunsch loszulassen, die Dinge unter meiner Kontrolle zu haben oder zu verändern; ich bin auch bereit, ein unbeteiligter Beobachter jeder verwirrenden Situation zu werden, die ich anscheinend erlebe. Wenn ich einen Augenblick lang still bin und wirklich hinhöre, weist mir Gott den Weg.

9. Ich weiß nicht, was für mich oder andere gut oder schlecht ist. Es ist mir klar, daß ich mich früher oft getäuscht habe, als ich beurteilen wollte, was richtig oder gut war. Ich bin bereit, meine Beurteilungen jeder Scheinwirklichkeit aufzugeben. Ich habe eine innere Quelle, die wirklich weiß und die mich führt. Wenn ich aufhöre zu urteilen, erkenne ich die Wahrheit.

10. Die Gesetze Gottes sind immer wirksam, was ich auch sehen oder denken mag. Wenn etwas in dieser Welt anders aussieht, ist es unwahr. Ich kann mich den Gesetzen der Gnade unterstellen, indem ich meine falschen Wahrnehmungen, Gedanken und Vorstellungen loslasse.

WEITERE LITERATUR AUS DEM GREUTHOF VERLAG:

Lee Coit
NACH INNEN HÖREN
Anleitung zum Wahrnehmen der inneren Stimme

Wir alle haben eine innere Stimme, einen Führer, der uns beisteht, wann immer wir ihn brauchen. Eine Stimme, die ein Quell der Wahrheit ist und Antwort auf unsere Fragen geben kann.

Wenn wir uns unserer inneren Stimme bewußt werden und auf sie hören, wird daraus eine große Ruhe und Zufriedenheit entstehen. Lee Coit bezieht sich auf den *Kurs in Wundern* und beschreibt Wege, um die innere Stimme zu finden. Er zeigt auf, daß sie ganz nahe ist, näher als unsere eigenen Gedanken. Wir lernen, wie wir auf diese Stimme vertrauen können und wie sie unserem Leben eine Ausrichtung geben und dabei helfen kann, Entscheidungen zu treffen.

Auf unsere innere Stimme hören können wir jederzeit und überall – daraus erwachsen uns innere Sicherheit und Ausgewogenheit.
134 Seiten, 6. Auflage

EIN KURS IN WUNDERN

Ein Kurs in Wundern ist ein beispielloses Unterrichtswerk mit einem Theorie- und Übungsteil, das uns über eine schrittweise Veränderung der Wahrnehmung den Weg zur spirituellen Entwicklung weist. Dieses Werk verbindet auf einzigartige Weise tiefgründige spirituelle Lehren mit psychologischen Einsichten. Es vergleicht unsere Existenz in dieser Welt mit einem Traum, aus dem wir Schritt für Schritt herausgeführt werden. Tägliche Lektionen begleiten und unterstützen die persönliche Transformation.

Im Mittelpunkt der Lehren des *Kurses* steht die Vergebung, mit deren Hilfe die Hindernisse ausgeräumt werden, die der Liebe den Weg versperren. Nur dadurch können wir uns von dem Glauben an Angst und Schuld befreien und unser wahres Wesen wiederfinden, den inneren Frieden und das Einssein jenseits von Raum und Zeit.
1320 Seiten, gebunden, 4. Auflage

Die Ergänzungen zu EIN KURS IN WUNDERN

Psychotherapie: Zweck, Prozeß und Praxis
Das Lied des Gebets: Gebet, Vergebung, Heilung

Die beiden Abhandlungen entstanden zeitlich nach *Ein Kurs in Wundern* und wurden auf die gleiche Weise wie der *Kurs* übermittelt und niedergeschrieben.

»*Psychotherapie: Zweck, Prozeß und Praxis*« enthält für Fachleute und Laien gleichermaßen neue und aufschlußreiche Einsichten über das Wesen von Therapie und ihren Stellenwert im Rahmen von Spiritualität.

»*Das Lied des Gebets*« wirft ein neues Licht auf die wichtige Frage, worin wahres Gebet besteht. Die verschiedenen Stufen des Gebets – von seinen anfänglichen Formen bis hin zur Vollendung – werden erläutert. Dem Leser wird überdies die enge Verbindung zwischen Gebet, Vergebung und Heilung vor Augen geführt.
106 Seiten, 2. Auflage

Kenneth Wapnick
EINFÜHRUNG IN *EIN KURS IN WUNDERN*
Betrachtungen über einen anderen Weg zum inneren Frieden

Die wichtigsten Prinzipien von *Ein Kurs in Wundern* werden hier sehr anschaulich von Kenneth Wapnick dargelegt. In seiner Einführung gibt uns der Autor einen leichtverständlichen und lebenspraktischen Einblick in die Grundlagen dieses einmaligen Werkes, das uns den Weg zu einem ruhigen und friedlichen Geist weist. Neben einer kurzen Betrachtung über die Entstehung des *Kurses* enthält die Einführung auch Antworten zu Themen, die uns alle bewegen.

Kenneth Wapnick war eng mit der Veröffentlichung von *Ein Kurs in Wundern* verbunden und gilt weltweit als sein bester Kenner. Er lehrt den *Kurs* seit 1973 und integriert dessen Prinzipien in seine Arbeit als Psychologe und Leiter eines Akademie- und Retreat-Centers in den USA. Unzähligen Menschen aus aller Welt hat er geholfen, die Lehre des *Kurses* in ihrem Alltag wirksam werden zu lassen.
154 Seiten, 6. Auflage

Kenneth Wapnick
JENSEITS DER GLÜCKSELIGKEIT
Das Leben Helen Schucmans und die Niederschrift von *Ein Kurs in Wundern*

Helen Schucman, eine angesehene Psychologie-professorin, schenkte der Welt das spirituelle Grundlagenwerk *Ein Kurs in Wundern,* das in überragender sprachlicher Schönheit zeitlose Einsichten mit wesentlichen psychologischen Erkenntnissen verbindet. In *Jenseits der Glückseligkeit* erzählt Kenneth Wapnick die faszinierende Lebensgeschichte Helens und eröffnet uns einen authentischen Einblick in die ungewöhnliche Entstehung dieses bedeutenden Werkes.

Unter Verwendung von unveröffentlichten Briefen, Träumen und visionären Erlebnissen Helens zeichnet der Autor ein lebendiges Bild dieser vielschichtigen Persönlichkeit von großer geistiger Brillanz. An ihrer inneren Verbindung zu Jesus nehmen wir ebenso teil wie an ihrer Beziehung zu William Thetford, der ihr bei der Niederschrift zur Seite stand. Kenneth Wapnick begleitete Helen und die Veröffentlichung von *Ein Kurs in Wundern* in den letzten acht Jahren ihres Lebens. Ihm vertraute sie ihr geistiges Erbe an. So wurde er zum besten Kenner des *Kurses* und erhielt Einblick in ihr Leben wie kein anderer.

Mit vielen dokumentarischen Fotos und bisher noch nicht veröffentlichten Übermittlungen wird diese aus dem Herzen geschriebene Biographie zu einer fesselnden Lektüre, die zutiefst berührt.
571 Seiten

DER VERGESSENE GESANG
Die Entstehungsgeschichte von *Ein Kurs in Wundern*

Ein Kurs in Wundern ist ein beispielloses Werk, das uns einen einzigartigen Weg zur spirituellen Entwicklung weist. Aufgrund einer inneren Stimme wurde er von der angesehenen Psychologieprofessorin Dr. Helen Schucman zwischen 1965 und 1972 niedergeschrieben. Bei diesem ungewöhnlichen Unterfangen stand ihr von Anfang an ihr Kollege Dr. William Thetford, ebenfalls Professor an der New Yorker Columbia-Universität, zur Seite.

Dieser authentische Dokumentarfilm in deutscher Fassung, der an den Orten des Geschehens gefilmt wurde, berichtet von der wunderbaren Entstehungsgeschichte des *Kurses* und zeichnet die Erlebnisse Helen Schucmans nach. Er schließt nachgespielte Szenen aus ihren Visionen und Träumen ein, die zur Niederschrift des *Kurses* führten, sowie wörtliche Abschnitte aus ihrer unveröffentlichten Autobiographie.

Ein ergreifender Einblick in die Geschichte des *Kurses* – für Auge, Ohr und Herz.
VHS-Video, 60 Minuten, 6. Auflage

Gloria und Kenneth Wapnick
DER HIMMEL HAT KEIN GEGENTEIL
Die wichtigsten Fragen zu *Ein Kurs in Wundern*

Das Studium von *Ein Kurs in Wundern* führt nicht nur zu neuen und überraschenden Einsichten, sondern wirft auch eine Reihe von Fragen auf. Für alle, die ihr Verständnis des *Kurses* vertiefen möchten, sind hier die am häufigsten auftauchenden Fragen nach fünf zentralen Gesichtspunkten zusammengestellt.

Mit großer Präzision und Anschaulichkeit besprechen die Autoren die wichtigsten Probleme im Umgang mit dem *Kurs* und räumen mögliche Mißverständnisse aus. Darüber hinaus wird die Rolle Jesu im *Kurs* behandelt sowie der Umgang mit Text- und Übungsbuch erläutert. Den Lesern werden fundierte Antworten zu einer großen Themenvielfalt geboten.

202 Seiten, 2. Auflage

Kenneth Wapnick
WUNDER ALS WEG
Die 50 Grundsätze der Wunder in *Ein Kurs in Wundern*

Den Auftakt zu *Ein Kurs in Wundern* bilden die 50 Grundsätze der Wunder. Sie enthalten im Keim bereits die ganze Lehre des *Kurses*, der eines der bedeutendsten geistigen Lehrwerke unserer Zeit ist und auf einzigartige Weise moderne Psychologie mit Spiritualität verbindet.

Kenneth Wapnick erläutert Schritt für Schritt jeden einzelnen Grundsatz und geht ausführlich auf relevante Fragen ein.

Es wird deutlich, daß Wunder nicht die äußeren Umstände verändern, sondern unsere falsche Wahrnehmung von uns selbst und der Welt berichtigen. Der Leser erhält einen tiefen Einblick in das Denksystem des *Kurses* und erfährt, wie man Wunder im täglichen Leben geschehen lassen kann, um inneren Frieden zu gewinnen.

191 Seiten, 2. Auflage

WAHRHEIT FINDEN
Ausgewählte Texte aus EIN KURS IN WUNDERN
Herausgegeben von Frances Vaughan und Roger Walsh

Diese inspirierende Komposition der schönsten Passagen aus *Ein Kurs in Wundern* schenkt uns einen leichten Zugang zu einem der bedeutendsten spirituellen Werke unserer Zeit. Die Sammlung bewegender Texte wird von ausgewählten Naturfotos der bekannten Fotografin Jane English begleitet. Die poetische Präsentation in Verbindung mit stimmungsvollen Fotografien ermöglicht es jedem, sich in die ausdrucksvolle Sprache des *Kurses* einzufühlen.

Auf überzeugende Weise wird der Freude und Gelassenheit, von der der *Kurs* spricht, durch den Frieden und die Schönheit der Natur ein visueller Ausdruck gegeben.

Die gelungene Auswahl der Fotos und Texte lenkt die Wahrnehmung immer wieder auf das Licht, in dem wir sanft zur Wahrheit finden: Wahrheit über unsere Herkunft, unser Wesen, über Träume und Illusionen und über die Liebe.

154 Seiten, gebunden, mit zahlreichen besinnlichen Fotos

HEILUNG FINDEN
Ausgewählte Texte aus EIN KURS IN WUNDERN
Herausgegeben von Frances Vaughan und Roger Walsh

Wer möchte nicht gerne rundum gesund und glücklich sein? Nur eine kleine Bereitwilligkeit ist nötig, um die Erinnerung an unser vollständiges Heilsein wiederzuerwecken. Aus dem richtigen Blickwinkel gesehen, erleben wir die Schönheit und Vollkommenheit unseres geistigen Seins.

Die schönsten und bewegendsten Stellen aus *Ein Kurs in Wundern* zum Thema Heilung sind hier verwoben mit einfühlsamen Naturaufnahmen der bekannten Fotografin Jane English. Eine harmonische Verschmelzung von Wort und Bild, die unseren Geist weckt und so den Weg zu wahrer Heilung öffnet.

154 Seiten, gebunden, mit zahlreichen besinnlichen Fotos

Die Reihe wird fortgesetzt mit *Frieden finden*.

Eileen Caddy
HERZENSTÜREN ÖFFNEN

»Laß das Gestern zurück und widme dich ganz dem neuen Tag, der, wie du weißt, nur das Beste für dich bereithält, und erwarte auch nur das Beste von ihm. Sieh meine Hand in allem, was geschieht, und erkenne die Geburt eines neuen Himmels und einer neuen Erde.«

Dieser Jahrweiser enthält eine neue inspirierende Sammlung der Weisungen, die Eileen Caddy empfangen hat. Was sie innerlich erfuhr, wurde in ihrem Leben sichtbar, wurde lebendig, um in ihr und durch sie Gestalt anzunehmen. Für viele ist Eileen eine Freundin und Ratgeberin, die ihnen auf dem geistigen Weg zur Seite steht. Wer sich täglich mit diesen einfachen Lehren voller spiritueller Wahrheit und visionärer Kraft befaßt, dem können sie dabei helfen, sich geistig zu erneuern und Kraft zu gewinnen.

406 Seiten, 18. Auflage

Eileen Caddy
SPUREN AUF DEM WEG ZUM LICHT

»Ich schaute einen Pfad mit Fußspuren und hörte die Worte: ›Folge mir nach‹.« Eileen Caddy lauschte viele Jahre hindurch auf die Stimme Gottes in ihrem Inneren, die sie führte, belehrte und in schwierigen Zeiten ermutigte. Die Botschaften, die sie täglich erhielt, offenbarten ihr den göttlichen Plan für ihr Leben.

Das Buch enthält eine Auswahl der inspirierenden Weisungen und bietet dem Leser eine Art zu leben an, die bedeutungs- und sinnvoller sein kann als sein bisheriges Leben: voller Frieden und unzerstörbarer Freude. Die Botschaften sind eine Art Spiegel, in dem wir uns selbst erkennen. Liest man die Weisungen als Einstimmung zur Meditation, helfen sie dem Suchenden, seinen eigenen Weg zu finden, Gott im Inneren zu erkennen.

Mit anderen Worten: Die Botschaften können wahrhaft *Spuren auf dem Weg zum Licht* sein, die uns zum Zweck und Ziel unseres Lebens führen.

188 Seiten, 9. Auflage

Eileen Caddy
FLUG IN DIE INNERE FREIHEIT
Die Autobiographie der Mitbegründerin der Findhorn-Gemeinschaft

Dies ist eine außergewöhnliche Geschichte, erzählt von einer ganz gewöhnlichen Frau.

Eileen Caddy wurde weltweit als Mitbegründerin der Findhorn-Foundation im Norden von Schottland bekannt. Durch die spirituelle Tiefe und Weisheit ihrer Bücher fühlte sich eine Generation von Menschen zur Findhorn-Gemeinschaft hingezogen.

Ihre Fähigkeit zur Offenbarung stellte hohe Anforderungen an Eileens Leben, doch immer wieder entdeckte sie, daß die inneren Weisungen ihr einen lichtvollen Weg zeigten durch alle Höhen und Tiefen des Lebens hindurch und ihr halfen, die Schwierigkeiten und Mühen durchzustehen und daran zu wachsen.

Die Befreiung durch ihr Vertrauen, ihre feste Überzeugung und ihren unerschütterlichen Glauben, daß Gott in unserem Inneren ist, wurde Eileens Flug in die innere Freiheit, hinein in die offene Weite ihrer erfüllten Beziehung zu Gott.

316 Seiten, 3. Auflage

Carol Riddell
DIE FINDHORN-STORY
Ein Menschenbild für das 21. Jahrhundert

Die Findhorn-Gemeinschaft wurde 1962 als eine der ersten erfolgreichen spirituellen Gemeinschaften unserer Zeit gegründet, und sie spielt eine wichtigere Rolle denn je in der weltweiten Wandlung zur Spiritualität hin.

Carol Riddell zeichnet ein lebendiges Bild dieser Gemeinschaft. Sie zeigt, wie die Menschen dort leben, miteinander umgehen, sich Problemen stellen und an Lösungen arbeiten, die weit über ihre kleine Gemeinschaft hinaus Gültigkeit haben. Es wird deutlich, wie es den Bewohnern und den Besuchern von Findhorn gemeinsam gelingt, eine ganzheitliche Beziehung zueinander und zur Umwelt zu schaffen.

Carol lebt seit 1983 in Findhorn. Sie stellt die Findhorn-Gemeinschaft in den heutigen weltweiten Kontext und zeigt auf, wie der Prozeß, ein neues spirituelles Menschenbild zu schaffen, in Findhorn ständig fortschreitet, im Zusammenleben und in der Arbeit, im Alltag und im ewigen Augenblick.

352 Seiten

ENGELKARTEN

Die Engel-Meditationskarten wurden von Joy Drake und Kathy Tyler in Findhorn entwickelt – zur Erforschung und Transformation des Bewußtseins. Sie enthalten 52 Schlüsselworte, die uns helfen, uns auf bestimmte Aspekte unseres inneren Lebens zu konzentrieren. Ob durch Meditation oder das Ziehen einer Karte, jeder Engel repräsentiert eine reine Qualität.

Engel geben uns die Möglichkeit, einer reinen Schwingung zu begegnen, die freudig und weise mit dem Lichte Gottes arbeitet. Jedes Engel-Set enthält eine Anleitung, wie die Karten in der Meditation und zur Stärkung und Verinnerlichung im täglichen Leben benutzt werden können. Ein himmlisches Orakelspiel.

DAS SPIEL DER WANDLUNG

Dieses Spiel erlaubt uns, auf anregende und fröhliche Weise mehr über uns und andere zu erfahren. Es spiegelt die Lebenssituation der Spieler treffend wider, läßt Selbsterkenntnis und Wachstum zum spannenden Kriml werden und macht riesigen Spaß.

Weil das Spiel der Wandlung jedes Problem mitten ins Herz trifft, wird es uns immer wieder helfen, wichtige persönliche Fragen zu klären und unmittelbare Führung für unseren nächsten Schritt zu erlangen.

Wir können neue Wege finden, mehr Reichtum in unsere Beziehungen zu bringen, unseren persönlichen Beitrag zu erkennen und unsere Fähigkeiten zu entwickeln. Jedes Spiel enthält einen kompletten Satz von 52 Engelkarten, die auch alleine benutzt werden können, als Anreiz zu individueller Kreativität und um unsere Fähigkeit zu erfüllenden Beziehungen zu fördern.

Von Joy Drake und Kathy Tyler in Findhorn entwickeltes Brettspiel,
Spielbox 265 x 265 x 64 mm, 5. Auflage

Gerald G. Jampolsky
MINIKURS

Der *Minikurs* enthält praktische Übungen zur Heilung von Beziehungen und zum Loslassen der Angst, die sich unserem Geistesfrieden in den Weg stellt. Ebenso wie *Ein Kurs in Wundern* ausführlich darlegt, verdeutlicht der *Minikurs,* daß wir tatsächlich die Wahl haben, Frieden oder Konflikt zu erfahren.

Der Autor, Gerald G. Jampolsky, ist Begründer und psychiatrischer Berater des Center for Attitudinal Healing in Tiburon in Kalifornien und weltbekannt als Autor zahlreicher Bücher. Hier hat Gerald einige wichtige Zitate aus dem Werk *Ein Kurs in Wundern* ausgewählt und zu einem 18tägigen Übungsprogramm zusammengestellt. So bekommen wir einen guten Einblick in die Lehrweise des *Kurses* und eine Kostprobe von dessen geistiger Klarheit und Schönheit.

Leporello und 18-Karten-Set, 3. Auflage

EIN HAUCH VON HIMMEL

Literatur, Audiocassetten, Videos, Spiele etc. *Ein Kurs in Wundern,* Findhorn, Engelkarten, Das Spiel der Wandlung... Gerne senden wir Ihnen unser aktuelles Gesamtverzeichnis zu, auf Wunsch auch Informationen zu Findhorn und *Ein Kurs in Wundern.*

Greuthof

Verlag und Vertrieb GmbH
Herrenweg 2 · D 79261 Gutach i.Br.
Tel. 07681-6025 · Fax 07681-6027